本书获北方民族大学管理学院重点建设专项、国家民委重
北民族地区政府治理与社会管理研究中心"专项资助。
北方民族大学2020年校级一般项目：宁夏"村改居"社区
研究（2020XYSGY04）的研究成果。

经管文库·管理类

前沿·学术·经典

过渡型社区治理问题研究

RESEARCH ON TRANSITIONAL COMMUNITY
GOVERNANCE

马　辉　著

经济管理出版社

ECONOMY & MANAGEMENT PUBLISHING HOUSE

图书在版编目（CIP）数据

过渡型社区治理问题研究 / 马辉著 . —北京：经济管理出版社，2022.9
ISBN 978-7-5096-8709-3

Ⅰ. ①过… Ⅱ.①马… Ⅲ.①社区管理—研究—中国 Ⅳ.① D669.3

中国版本图书馆 CIP 数据核字（2022）第 171160 号

组稿编辑：杨国强
责任编辑：杨国强
责任印制：黄章平
责任校对：蔡晓臻

出版发行：经济管理出版社
　　　　　（北京市海淀区北蜂窝 8 号中雅大厦 A 座 11 层 100038）
网　　址：www.E-mp.com.cn
电　　话：（010）51915602
印　　刷：唐山玺诚印务有限公司
经　　销：新华书店
开　　本：720mm×1000mm/16
印　　张：11.75
字　　数：201 千字
版　　次：2022 年 11 月第 1 版　　2022 年 11 月第 1 次印刷
书　　号：978-7-5096-8709-3
定　　价：98.00 元

社区是人类社会最基本的生活单元，社区治理既是国家治理和社会治理的基础，也是国家治理体系和治理能力现代化主要的实施领域。随着我国城市化进程的不断加快，一些城中村、城郊村必然要由农村社区转型为城市社区，而在这一转变过程中会出现大量人口异质性明显、治理模式迥异、治理主体差异较大的过渡型社区。这些过渡型社区作为一种特殊的社区，正在引起学术界的高度关注。由于过渡型社区的形成背景、人员构成、心理认同、价值观念等较为复杂，此类社区在转型为城市社区的过程中面临诸多治理困境。因此，亟须构建一种针对过渡型社区治理的模式和路径，实现社区在"硬件""软件"以及治理模式等方面完全地、顺利地由农村社区转型为城市社区。为了深入研究过渡型社区的治理状况和转型情况，本书综合使用公共管理学、政治学、社会学等学科的研究方法，以银川市三个典型过渡型社区为实地研究对象，按照不同的转型阶段分析其阶段性转型特征、治理表现和治理困境，力求为过渡型社区的有效治理和更好转型提供路径策略。

本书立足于过渡型社区变迁性、过渡性的特征，按照社区位置、社区人口构成、主要治理主体、治理模式、治理状态、转型动力等的变迁，将所选择的银川市三个典型过渡型社区进行转型阶段的划分，深入、透彻地分析过渡型社区在转型初期、转型中期和转型后期的治理状况。分析每一个转型阶段的治理状况时，结合实地调查情况，选择转型阶段的基本情况、治理的主要表现和阶段性治理困境三个主要维度进行论证，诠释过渡型社区在三个转型阶段中经历的社区居民情况、治理主体、治理方式、公共服务供需、居民参与等方面的变迁和面临的主要问题。在全面分析过渡型社区治理困境的基础上，本书为过渡型社区顺利转型为城市社区提供了治理路径。首先，明确过渡型社区治理的目标——实现过渡型社区转型为成熟的城市社区，与城市社区并轨；其次，在治理思路上，根据每个转型阶段的时期特征和治理困境，使用阶段性、针对性的治理策略；最后，过渡型社区治理需要完善的制度衔接和制度供给，实现公共服务的供需平衡，采用传统与现代相结合的治理手段，厘清治理主体的责任，构建多元参与的治理格局。

过渡型社区治理的主要任务和目标是——在充分满足社区成员需求的基础上，促进此类社区顺利转型为城市社区，实现真正的城市化。从实地考察和研究分析来看，社区在每个转型阶段存在治理差异，且社区居民是社区转型中的关键因素，居民的利益诉求、权利意识和参与程度等直接影响社区转型进程及转型效果。因此，过渡型社区治理必须采取针对性的治理策略，重视社区居民的主体性，按照转型阶段的不同，在转型初期、转型中期和转型后期明确治理目标、采取不同的治理措施和治理模式、细化治理思路，有效解决治理困境，以阶段性转型促进整体性转型，最终实现社区有效治理的和谐与稳定。

目　录

1

第一章

导　论

第一节　选题背景及意义

一、选题背景

社区是人类社会生活最基本的单元，社区的稳定与和谐对整个社会乃至国家的长治久安都有重要意义。随着我国国家治理体系和治理能力现代化的不断推进，社区治理成为实现国家治理体系和治理能力现代化建设的基础任务及核心环节。当前，随着城市化进程的不断加快，越来越多的传统农村社区因被动失地或拆迁而被安置在城市范围中或城市社区内，由此产生的由农村社区转型为城市社区的过渡型社区不断涌现。这些社区在实现转型的过程中经历着多重变迁，虽然在空间结构上已和城市社区差别不大，但由于传统农村生活习惯和生活方式的保留、固有观念的影响、差异化的公共服务水平、政府等相关治理主体的关注程度不够等原因使这类社区并未完全实现转型，由此导致过渡型社区在人口素质、生活观念、公共服务的供给、社会保障程度、公共参与方式等方面和成熟的城市社区相差甚远，实现社区转型举步维艰。过渡型社区出现了社区结构变迁、生活方式变迁、人口构成变迁、居民交往关系变迁等一系列变化，在这样的变迁与转型过程中，过渡型社区遭遇了多重治理困境，面临各种治理问题，已成为当前政府、市场和社会不可忽视的重要问题。因此，必须从理论和实践上对过渡型社区这类特殊性社区给予高度关注，确保实现社区转型，为和谐稳定发展服务。在过渡型社区治理过程中，需要明确治理目标即实现社区转型，那么如何实现有效转型？如何解决社区治理中遇到的现实困境？如何通过各个治理主体的协同合作有效发挥其作用以促进过渡型社区的顺利转型？这些都是亟待解决的问题，也是本书的选题缘由所在。

二、选题意义

（一）理论意义

本书主要的研究对象是城市化进程中出现的由传统农村居民聚居社区将要转为现代城市多元主体杂居社区的特殊型社区。这类社区由于法律法规和政策不完善、制度不完整、属性不明确、居民自身身份认同差异、生活方式差异、治理主体关注度不够以及职责缺失等，变成城市和农村之间的"夹心层"，处于"亦城亦乡"的尴尬位置，发展方向和治理状态极不明确。而这一切并未引起公共部门及其他治理主体的足够重视进而使相关问题一直无法彻底得到解决，有关这一话题的学术研究也较为缺乏。目前仅有的一些学术研究只集中于分析此类过渡型社区产生的背景、特征、出现的困境等，研究较为表面化，对如何有效解决问题并没有进行实地性的、深入的、有价值的研究。本书的理论意义在于，以过渡型社区作为实践调研对象，准确把握过渡型社区内在与外在的多重特殊性，关注过渡型社区居民的一般需求和特殊需求，以实现社区转型为主要目标，发现社区治理中的现实困境，帮助过渡型社区转型设计一套相对完善、有效的治理路径体系，以期形成具有一定价值的理论成果，填补过渡型社区治理研究的学术空白，在此基础上，进行规范、系统、有效的科学研究。

（二）现实意义

城市化带来经济的发展和国家的繁荣，但也衍生出很多相关现实问题。过渡型社区以前基本都是城郊村、城中村、城乡接合部等与城市部分居民生活密切的农村地区，随着城市化进程的加快，这些地区被动纳入城市管理，与城市社区共同生活在城市中。但事实上，这类社区中大量房屋出租、大量外来人口流入且流动频繁、大量人际关系变迁、大量政策变化，导致社区中形成了区域差异、文化差异、认知差异以及城乡差异等，使得此类社区成为问题突出、人员复杂、管理困难的"城市角落"或"中间地带"。如何解决过渡型社区的治理问题，帮助过渡型社区顺利实现转型，形成真正的城市化？过渡型社区在多地都没有得到足够的重视，更没有实施有效的解决措施和管理办法。城市化进程中涌现出的过渡型社区如何顺利完成转型也成为当地决策部门最为头疼的部分。本书从过渡型社区的特殊实际出发，分析研究过渡型社区在不同转型阶段的治理困境，立足于实现社区转型和实现真正的城市化，促进社会和谐稳定，为过渡型社区公共治理提供一条有效的路径，为政府部门建言献策，助推改善基层治理与秩序稳定，这正是本书现实意义所在。

第二节　国内外研究述评

近年来，随着城市化的不断加快，大量的拆迁安置社区、失地农民社区、村改居社区等具有从农村社区向城市社区过渡性质的社区形态不断出现，随之而来的是具有过渡性质的社区治理问题受到学术界关注，相关的文献资料和研究成果从无到有，从少到多，从多到精。本书将对国内外关于具有代表性的过渡型社区治理的相关文献进行梳理和总结，力求为本书奠定良好的理论基础和文献指导。需要说明的是，本书研究对象采用了"过渡型社区"的说法，国内外学术界类似的说法还有"转型社区""边缘社区""村改居社区""城郊社区""拆迁安置社区""农转非社区""转制社区""农城化社区"等，可谓五花八门。虽然称谓上有所不同，但在社区的形成背景、社区特征和社区治理等方面有很多类似之处。为了保证文献资料收集的完整性，本书在搜索文献资料和梳理文献综述时并没有局限"过渡型社区"这一关键词，而是将以具备类似属性和特征的同类社区作为研究对象的相关文献进行了查阅，并将其主要思想和观点进行整理，以期为本书的研究提供借鉴思路。同时，本书在整理文献综述时并没有将与过渡型社区具有类似性质的社区在名称上予以区分，在下文中均使用"过渡型社区"的说法。

一、国外研究综述

（一）关于"过渡型社区"概念的提出

国外学术界关于城市扩张过程中产生的过渡区域或边缘区域也存在多种说法和称谓，如，"城市边缘区"（Stadtradzonen）、"城乡边缘区"（The Rural-Urban Fringe）、"乡村—城市边缘带"（Rural-Urban Fringe Belts）、"城市边缘带"（Urban Fringe Belts）、"过渡区"（Zone in Transition）等。德国地理学家赫伯特·路易斯（Herbert Louis，1936）在研究德国柏林城市地域结构时提出城市边缘区这一概念，借以指涉这一区域人口的构成和变化。乔治·韦文（George S. Wehrwein，1942）对"城市边缘区"和"城乡边缘区"加以区分，特别重视城市向邻近农村的扩张。他认为，城乡边缘区是"明显的工业用地和农业用地的转变地带"，不仅涉及这一区域的人口结构，还应对土地的利用模式进行分析。与此同时，安德鲁斯（R. B. Andrews，1942）提出"乡村—城市边缘带"的概念，即经济重心向外毗连城市边缘区的农业用地和城市土地利用方式相混杂的地带。罗宾·普里沃（Robin J. Pryor，1968）指出，所谓的城乡边缘就是"一种在土地利用、社会和人口特征等方面发生变化的区域，位于连片建成区和郊区之间，几乎完全没有非农业住宅、非农业占地和非农业土地利用的纯农业腹地。这一区域具有城市和乡村两方面的特征，人口密度高度高于周围的农村，而低于中心城区"。① 英国地理学家康泽恩（M.R.G.

---

① 黄锐、文军：《从传统村落到新型都市共同体：转型社区的形成及其基本特质》，《学习与实践》，2012 年第 4 期。

Conzen，1960）与上述几位学者采用现代城市发展的研究视角不同，他对欧洲中世纪城镇进行考察和分析后认为，城市边缘带发展有三种模式，分为定型模式、扩张模式和巩固模式。他指出，城市边缘带是由城市边缘的各种混合用地构成的一种动态带型区域，它是城市发展过程中的一个间隙，体现出城市边缘的不连续性，这种不连续性有可能阻碍城市的增长，但城市在发展过程中通常可能会跳出这些边缘区域，从而不受到这种边缘区域的影响。

在上述一些带有过渡性质的社区概念被提出以后，"过渡区"这一概念主要来自芝加哥社会学派（Chicago School of Sociology）。美国社会学家欧尼斯特·伯吉斯（E.W. Burgess，1925）提出"同心圆"模型（Concentric Zone Model），他认为，随着城市规模的不断扩张，城市空间结构形成了一种"同心圆"模式，即以城市中心为圆心，从内向外依次形成五类不同质量的居住带，分别是商业中心区、过渡区、工人住宅区、良好住宅区和通勤区。其中，"过渡地带"（Zone in Transition）主要是存在于商业中心区（CBD）与工人住宅区（Working-class Residential Zone）之间的环状区域，具有过渡性的特点。自此，"过渡区"成为芝加哥社会学派主要的研究对象，研究的主要重点集中在这一区域的功能转换、群体碰撞、观念冲突、生活不适、利益纠缠和制度融合等。关于"同心圆"模型和"过渡区"的具体描述如图 1-1 所示。

（二）关于城市化对社区影响的研究

城市化和城市规模不断扩张是过渡型社区形成的主要背景，国外关于城市化对社区影响的研究也存在不同的观点。西方学者在社会变迁对社区的影响上存在以下三种不同的观点：

（1）城市化使传统社区不复存在。滕尼斯、涂尔干、韦伯等古典社会学家认为，城市化是以专业化分工为基础的，这种分工使人们之间的异质性增强，生活方式和价值观等存在一定差异，导致其对社会

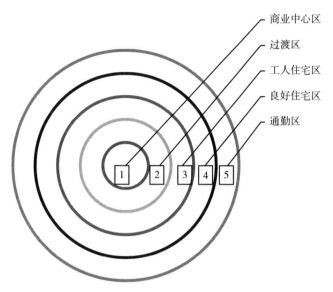

商业中心区
过渡区
工人住宅区
良好住宅区
通勤区

1 2 3 4 5

图 1-1 同心圆模型与"过渡区"

的认同感不强。后来，美国学者沃斯（1938）也赞同这一观点，并在其著作《作为一种生活方式的城市性》中指出，城市化使城市具备三种特征：人口多、高密度和异质性。人口多会带来社会分化，增加差异性；高密度会扩大社会距离，出现融合障碍；异质性则易带来潜在矛盾和冲突。因此，这种观点普遍认为传统社区在城市化中受到的冲击很大，已不复存在。

（2）城市化带来城市社区的多样化。此观点产生于 20 世纪五六十年代，代表人物有刘易斯和甘斯。他们认为，城市化带来了社区的多样化发展，且具有内聚性和认同感的都市村庄。甘斯在其著作《城市村民》中强调，城市化带来了很多社会问题，但这些社会问题并不是由城市化本身带来的，也不是众多人口、高密度和异质性造成的，而是贫穷与受歧视的结果。社区多样化取决于社区居民的阶级特征与生命周期特征、社区的社会组织状况以及经济、政治、社会背景。

（3）城市化带来了社区的新发展。20 世纪 70 年代，费舍尔在《城市性的亚文化理论》一文中提出，城市人口众多、高密度和异质性与城市化带来的社会问题有关，但并不是主要原因。韦而曼和雷顿则认为，城市化为社区建设与发展带来了契机，社区可以寻找新的发展方向，社区和居民可以不受社区边界的限制，重建和突破邻里关系，发展更多元、更成熟的社会关系。

（三）关于过渡型社区治理的研究

在国外，农村居民向城市迁移主要有两个途径：一是农村居民进入城市就业，在城市定居，从而在身份上成为城市居民；二是在中心城市等周边地区就地城市化、郊区化，形成市镇社区。就前者而言，由于居民在身份和生活方式上已经完全融入了城市社区，因此其研究的意义和价值等同于研究城市社区治理；对于后者来说，虽然受市民社会观念的影响，居民参与社区治理的程度比较高，但在社区管理体制和社区建设上还体现出一些与众不同的特点。为此，以美国的城市化社区的典型——市镇为案例来分析其治理的一般思路，在国外的过渡型社区治理中也非常典型。①

1. 社区管理体制

美国的管理体制分为联邦、州、县、市镇四种结构，各管理主体之间在管理权上有明确的法律规定。市镇一级管理体制主要分为四种：市长——市议会制，市长是市政府的行政首脑，市议会为立法机关，两者之间的关系是平行的，相互协作和制衡；市议会——经理制，市议会掌握立法权和行政监督权，具体的社区事务由议会任命一位有经验的经理来具体负责；市委员会制，地方事务由居民选举的委员会负责；市镇代表制，由居民选举部分居民作为代表，在这些代表中由一人组成市镇委员会具体负责社区事务。

---

① 林新伟：《农村城市化进程中转型社区建设和治理研究》，苏州大学硕士学位论文，2007年。

各市镇社区根据不同的情形采用不同的管理体制，这些管理体制在社区管理中发挥了很大的作用。

首先，坚持依法办事，无论横向上还是纵向上，都必须按照法律规定办事，明确权力边界，防止上级政府对社区自身事务的干涉，杜绝了州和县对社区事务的过度干预，保证社区治理的独立性。

其次，各职能部门责任明确，每个行政人员都有明确的权力、责任和义务。

最后，社区治理以满足居民公共服务需求为主要任务，注重社区服务体系建设，创新社区服务的供给方式。

2. 社区服务体系

市镇的社区服务主要为社区居民提供关于社区民生的服务内容，如社区照顾、社区教育、社区环境、社区福利等。各社区的治理主体都参与了社区服务的供给。行政机构主要承担社区规划、社区资金拨付、社区治理规章制定等。一些社区内的民间组织也积极参与社区事务管理。例如，美国的诺伍德小镇，行业协会、福利救济协会、学术协会、艺术协会等都利用自身优势，为社区提供不同种类的公共服务。

3. 社区居民参与

如前文所述，美国市镇社区中有数量多、类型多、作用突出的社区团体，这些自发形成的社区团体号召社区居民积极参与社区活动，提高居民的社区参与意识。同时，注重培养社区居民的共同兴趣，增进社区了解，促进社区往来。居民可借助社区团体表达利益诉求，相互学习。这样，社区居民参与的热情普遍提升，社区凝聚力和归属感增强，社区安定与和谐得以实现。

（四）关于社区治理模式的研究

社区治理模式主要是社区内各治理主体间的治理角色与治理分工，国外最具代表性的社区治理模式主要有以美国为代表的社区自治模式、以新加坡为代表的政府主导模式和以日本为代表的混合模式。

1. 美国的社区自治模式

社区自治模式的主要特点是政府与社区的行为分离，城市社区实行高度民主自治，体现"小政府、大社会"的治理特点。政府设立派出机构或基层组织间接治理社区，主要以协调利益关系的方式为社区成员提供民主参与的制度保障，并借助法律手段规范社区内不同个人、家庭和组织的行为。社区治理主要由不隶属于任何政府部门的社区自治组织进行，有较大的自主权决定发展路径，只需在法律上保证不影响国家整体发展。这种治理模式所提供的社区服务体系是多层次、全方位的，其重要作用发挥体现在缓解社会矛盾、提供充分就业、维持社会稳定、保障居民生活等方面。①

2. 新加坡的政府主导模式

新加坡实行"以政府主导，法定机构组织，民众参与"的社区管理机制，主要特点体现在政府与社区行为的紧密结合，政府设立专门的社区组织管理部门，通过行政力量自上而下对社区治理进行比较强的控制和干预。社区治理职能分明、结构严密、体系完善。社区主要有居民顾问委员会、社区中心管理委员会和居民委员会三个组织。地位最高的居民顾问委员会组织社区事务，负责协调其他两个委员会工作，且为增进社区福利而募集社区基金。社区中心管理委员会负责社区运行，作为人民协会（全国社区组织总机构）的代表享有建设和治理社区民众俱乐部的职权，并在民众与政府间充当桥梁的角色，主要组织社区体育、娱乐、教育、文化等各种活动。新加坡的居民委员会设立于所有的公共组屋区，主要负责环卫、治安、活动组织等任务，必要时向其他两个委员会进行信息反馈，或提供人力帮助，同时借助民防演练、居民对话会、联谊舞

---

① 吴亦明：《现代社区工作》，上海人民出版社 2003 年版。

会等活动，不仅使社会更团结、邻里更和睦，还能使居民充分理解并积极响应政府的措施政策。

3. 日本的混合型社区治理模式

混合型社区治理模式是介于社区自治型与政府主导型的一种过渡模式，既有民主自治的色彩，又有注重行政管理的特征；既能发挥政府的宏观领导作用，又能发挥社区自治组织的积极性和创造性。政府对社区主要采用监督、指导、规划、提供经费支持等间接干预形式，让社区发展具备官方与民间的双重特点。社区工作部门独立于政府，在城市基层社区还设立了具有行政色彩的自治组织，即"町会"和"町会联合会"，对社区的各项工作负责。

国外社区治理模式虽然有多种，但它们社区具有共同的治理特点，如下：

一是政府宏观角色的把握、权力的限制和法治的社区治理理念。政府明确责任，通过法律和政策，对社区发展进行调控和支持，并注重培育和发展基层社会组织，依法治理。

二是完整的社区组织体系和社区基础设施。社区治理体系健全，权限职责明确，教育、生活、娱乐等方面的社区基础设施配备较为齐全。

三是加强居民和非政府组织参与社区治理，充分发挥社会力量的作用。公民不但个人参与社区治理，而且自发组成社区志愿者组织等基层社会组织共同参与社会治理。

国外的这些社区治理体制实践经验对过渡型社区治理方式的选择有着极其重要的借鉴意义。由此可见，西方学者关于具有过渡性质的社区及其相关研究已较为系统、丰富，这为我国学者研究过渡型社区的治理与发展提供了良好的借鉴和参考，也为本书研究过渡型社区治理提供了思路和方向。例如，城市化对社区影响的研究，城市化使得传统聚居型社区正在消失，但这些社区所具备的共同文化认同和心理认同，可以形成社会资本，为新社区的形成提供纽带基础，这些内容可以为本书研究的过渡型社区转型提供对策参考。国外的社区治理模式、美国市镇社区的管理特色等为本书写作带来启示和指导。

二、国内研究综述

（一）关于过渡型社区的整体研究情况

国内关于"过渡型社区"及具有类似性质的社区研究成果非常丰富。基于城市化、社会变迁的背景，众多学者致力于研究各种社区变迁的形态，呈现出大量的研究成果。我国的城市扩张和拆迁开始大规模实施于20世纪90年代，在这样的背景之下，折晓叶（1997）的《村庄的再造：一个"超级村庄"的社会变迁》、周大鸣（2001）的《城乡结合部社区的研究——广州南景村50年的变迁》、蓝宇蕴（2005）的《都市里的村庄：一个"新村社共同体"的实地研究》、李培林（2010）的《村落的终结——羊城村的故事》等都是对变迁中出现的特殊社区形态进行研究的经典之作。此后，随着我国城市化进程的不断加快，关于具有过渡性质的社区形态的研究呈现上升趋势，如"村改居社区"的研究者有向德平、顾永红、胡振光、吕青、黄立敏等；"转型社区"的研究者有李志刚、魏立华、黄锐等；"过渡型社区"的研究者有吴晓燕、张晨、刘祖云、王娟、李烊、王生坤、王璞等。虽然学者们关于具有过渡性质的社区形态的称谓有所不同，但其具有很大的共性，甚至一些学者的研究并没有在意称谓上的不同，也没有做严格的区分，很多情况下是通用的。对于过渡型社区整体研究所达成的学术共识有以下几个方面：

一是这些具有过渡性质的社区，其产生背景都是在城市化、城市扩张和政府主导下被动生成的与城市社区、农村社区存在差异的中间形态或是"第三种社区"。

二是此类社区具有共同特征，如行政主导性、人口异质性、矛盾多重性、治理复杂性和动态发展性等。

三是此类社区治理的重要性，既关系到城市化进程的顺利推进和城市化目标的实现，也关系到和谐社会的建设，具有不可忽视的重要意义。

（二）关于过渡型社区的具体研究视角

学者们对于过渡型社区的研究日渐成熟，除了整体情况的论述，也呈现出具体的、不同的研究视角和研究内容，使这项研究越发完整、系统。笔者梳理近年来的相关文献和学术成果，发现学界对于过渡型社区的研究侧重点主要集中在以下几个方面：

1. 治理主体研究

过渡型社区治理的特殊性主要体现在社区治理主体较多且较为复杂，涉及地方政府、街道办事处、居委会、社会组织、社区居民等，各主体间的职责分配与协同合作等内容都成为近年来学术界主要关注的热点。

胡振光（2015）认为，国家与社会关系的变迁对社会治理格局的形成和社区治理模式的构建有重要影响。过渡型社区存在地方政府强势嵌入、社区居委会"内卷化"、集体经济组织市场作用失灵、社会组织依附式发展的主体困境，他认为社区治理中国家、市场和社会是一种相互嵌入的主体关系。[1]

刘兴景（2015）认为，过渡型社区是在政府推动下形成的，社区是很多利益交织的场所，包括社区居委会与社区之间的利益交织、社区居民与社区有利益交织，也包括政府、居委会、居民三者在社区治理中的共同利益，当然也存在利益冲突，必须从利益的角度出发，明确各自在社区治理中的角色。[2]

唐俊鹏（2016）认为，居委会是过渡型社区治理的主要载体，过渡

---

[1] 胡振光：《社区治理的多元主体结构形态研究》，华中师范大学博士论文，2015 年。

[2] 刘兴景：《过渡型社区治理的困境及主体分析》，《学理论》，2015 年第 28 期。

型社区治理要实现社区居委会的组织结构重建和功能的转型。[①]

王娟（2017）认为，过渡型社区治理主体分为原有组织和新生组织两类。现阶段原有组织在过渡型社区治理中仍发挥关键性作用。当过渡型社区的配套设施质量和公共服务水平完全达到城市社区标准时，新生组织和原有组织形式可以实现逐步分离。[②]

张劲松、杨颖（2013）认为，城郊失地农民社区居民破坏性参与时有发生，应培育精英群体，促进精英参与，实现社区公众参与。[③]

此外，在梳理文献时，笔者发现各地过渡型社区治理主体的产生背景和功能并不相同，有些集体经济组织前身是村委会，居委会是重新成立的；但有些又没有集体经济组织，且居委会是由原来的村委会转变而来的。因此，在治理主体上也存在一定的差异性。

蓝宇蕴（2016）认为，转型社区党组织、自治组织与集体经济组织借助一些制度化的途径，形成了"总体性组织"，这些组织出现公共"代表性"不足、权力及职能关系产生"异化"、基本的社区整合难以实现等弊端。改革"总体性"的社区组织结构，建构多元共存的、权力及职能关系清晰的、整合度高的组织系统，是转型社区实现现代转型与有效治理的组织化保障。[④]

2. 治理模式研究

陈伟东、李雪萍（2004）认为，治理社区公共事务需要社区利益相关者贡献资源、分摊成本、共享利益，需要建立一种平等协商的治理模

[①] 唐俊鹏：《基于善治取向的我国农村社区治理主体困境与创新研究》，华中师范大学硕士论文，2016年。

[②] 王娟：《组织变迁与过渡型社区治理——以首都 H 区三个过渡型社区为例》，《中共福建省委党校学报》，2017 年第 9 期。

[③] 张劲松、杨颖：《论城郊失地农民的治理》，《学习与探索》，2013 年第 8 期。

[④] 蓝宇蕴：《转型社区的"总体性"组织及其破解》，《学术研究》，2016 年第 11 期。

式，以实现资源倍增效应。①

陈星宇（2009）认为，社区自治是社区建设和社区治理的重要内容，失地农民社区治理的核心环节是实现村民自治模式向居民自治模式的转变。②

涂晓芳、刘鹤（2010）认为，将城中村社区治理模式归纳为三种：以珠海为代表的市场化模式，以广州为代表的村集体经济主导模式和以北京为代表的政府主导模式，他们认为三种模式在治理主体、运作模式、适用性三个方面都各具优势。③

吴晓燕、赵普兵（2014）认为，过渡型社区的治理模式和传统的农村社区、成熟的城市社区相比存在很大的差异性：一方面，受到村民自治模式的影响；另一方面，要采用并适应城市社区的治理模式。④

程宏如、刘雪晴（2014）认为，过渡型社区治理，需要失地农民转变思想观念，构建社区认同，提高对城市社区的归属感，需要政府、社会与居民之间形成互动，需要治理模式的转变，最终实现社区转型。⑤

张劲松、杨颖（2013）认为，城郊失地农民社区治理存在组织体系杂乱、公共参与不足、社区自治基础薄弱等问题，这些问题产生的根源是社区治理模式的缺陷、社区公民精神的缺失、社区自治组织水平能力的不足和社区社会资本的匮乏。⑥

康之国（2014）认为，城镇化进程中过渡型社区的治理需要治理模

---

① 陈伟东、李雪萍：《社区治理主体：利益相关者》，《当代世界与社会主义》，2004 年第 2 期。

② 陈星宇：《失地农民社区治理中的自治制度变迁分析》，《农村经济》，2009 年第 10 期。

③ 涂晓芳、刘鹤：《城中村社区治理模式的比较研究》，《云南行政学院学报》，2010 年第 5 期。

④ 吴晓燕、赵普兵：《"过渡型社区"治理：困境与转型》，《理论探讨》，2014 年第 2 期。

⑤ 程宏如、刘雪晴：《过渡型社区治理的现实困境与应对举措——以江苏省盐城市城南新区为例》，《人民论坛》，2014 年第 23 期。

⑥ 张劲松、杨颖：《论城郊失地农民的治理》，《学习与探索》，2013 年第 8 期。

式的转型，包括：整合管理体制，厘清管理职责；提升社区参与，实现社区自治；培育社区社会组织，实现社区治理主体的多元化；完善社区公共服务体系，提升社区公共服务功能；拓展社区文化建设，满足社区成员日益增长的精神文化需求；加强社区治安管理，营造社区稳定氛围。①

宋喆（2015）认为，有效发挥社区基层党组织和社区居委会的作用是提高拆迁安置社区治理水平的关键，要重点培育社区自治组织，统筹处理好社区管理、社区自治和社区物业之间的关系，使社区实现一种多主体之间良好互动的善治模式。②

张亚鹏、张建明（2016）认为，过渡型社区转型需要以政府与社区的双重转型，兼顾国家与社会的利益，摸索一条适合两者和谐共处的边界，使国家与社会共存于一种充满活力与和谐动态均衡的社区场域中。过渡型社区有效的治理模式需要政府让渡。政府让渡包括调整政府对社区的工作理念、加强政府政治思想教育、强化政府部门行动联合与基础数据资源共享制度；社区自为包括建立健全在党领导下的社区治理多元参与制度、在治理意识层面寻找民意的最大公约数、提高居委会骨干成员工作能力、在社区服务层面将传统文化与现代社区有机结合。③

杨佳丽（2016）认为，"村改居"社区治理的关键是社区精英治理与群众参与的相互协调，必须充分调动这两大参与主体的积极性。④

李和中、廖澍华（2017）认为，要化解"村改居"社区的治理困境，必须建立"一核多元"的治理模式，充分发挥社区综合党委在社区治理

---

① 康之国：《城镇化进程中的转型社区与治理转型》，《中共天津市委党校学报》，2014年第5期。

② 宋喆：《拆迁安置社区治理结构变迁及其机制研究——以南京市S新村社区为例》，《南京农业大学学报（社会科学版）》，2015年第15卷第3期。

③ 张亚鹏、张建明：《转型社区的治理困境与对策探微》，《北京行政学院学报》，2016年第4期。

④ 杨佳丽：《"村改居"社区精英治理和群众参与问题研究》，云南大学硕士学位论文，2016年。

中的核心作用，厘清不同治理主体之间的权责边界，提高居民的参与意愿与参与能力，大力发展社会组织，最终形成以社区综合党委为核心的多元主体共同参与的社区治理新模式。[①]

刘祖云、李烨（2017）运用"元治理"理论，认为过渡型社区治理模式中"党政结构型组织"是社区元治理的主体，并承担着社区"治理校准"的角色。[②]

3. 社区居民市民化研究

王璞等（2013）认为，"过渡型社区"事实上已经成为失地农民和流动人口共存、有别于传统村落社区和城市街道社区的新型社区。其中，存在的问题主要是：社区中的失地农民市民化困境、流动人口社区融入困境以及在这两大困境基础上衍生出的失地农民和流动人口的整合困境。[③]

李强、李洋（2010）对旧城改造的研究中发现，商品房业主和回迁户之间形成了日渐疏离的两个群体，社会距离明显。[④]

李倩（2014）认为，城市中农民的存在并不依托于物理形态上村落的存在，也不是户籍意义上的存在，而是文化意义上的存在。失地农民市民化要从外部客观性的结构因素和内部的文化性因素来综合考虑并实现。[⑤]

秦颖颖（2015）认为，过渡型社区治理需要居民在自身身份转换的同时加强思想转化。居民思想转化需要社区教育来完成，社区教育对提

[①] 李和中、廖澍华：《行政主导的"村改居"社区治理困境及其化解》，《社会主义研究》2017 年第 2 期。

[②] 刘祖云、李烨：《元治理视角下"过渡型社区"治理的结构与策略》，《社会科学》，2017 年第 1 期。

[③] 王璞、付少平、王黎黎：《中国"过渡型社区"现状初探》，《特区经济》，2013 年第 1 期。

[④] 李强、李洋：《居住分异与社会距离》，《北京社会科学》，2010 年第 1 期。

[⑤] 李倩：《消失的村落，存在的农民——失地农民市民化研究》，中国农业大学博士学位论文，2014 年。

升社区的公共服务水平、提高社区居民的综合素质、实现社区与社会的稳定具有重要意义。①

王生坤（2010）、②周晴丽（2015）③等认为，过渡型社区治理的关键途径是实现农民的市民化，培育社区居民的公共精神，提高居民的社会融入等，只有实现居民的实质转型才能实现过渡型社区文化意义上的转型。

4. 社区社会资本研究

李志刚等（2007）认为，合理的社区转型应尽量避免打破原有社会空间，采取渐进、多元的改造方式，逐步推进。一方面，需转变观念，将转型社区视为城市化进程中的正常现象，是一种过渡性城市空间，有其存在的合理性；另一方面，在转制与改造中应避免急于求成，应设定适合的过渡期，采取因地制宜、多样化推进的改造模式，同时应"有所为有所不为"，注重保护社会资本，维护多元多样的社区功能。无论采用何种改造模式，都应注重强化公共空间，弱化社区边界，促成对内巩固、对外融合，实现转型社区的和谐转型。④

黄立敏（2009）认为，"村改居"社区的社会资本包括熟人关系网络，社区认同的前提；乡土信任，互惠合作的基础；村规民约，彼此认同的规范；非制度性权威是社区治理的重要力量。⑤

黄锐、文军（2012）认为，过渡型社区的集体经济组织虽然具有天然优势，但其进入城市社区后受到市场利益和个人利益的侵害，社区内

---

① 秦颖颖：《城镇化视域下的过渡型社区教育模式研究——重庆市荣昌县个案研究》，西南大学硕士学位论文，2015 年。

② 王生坤：《城镇化进程中的过渡型社区治理转型问题研究》，苏州大学硕士学位论文，2010 年。

③ 周晴丽：《过渡型社区居民公共精神培育研究——以苏州工业园区胜浦街道为例》，苏州大学硕士学位论文，2015 年。

④ 李志刚、于涛方、魏立华、张敏：《快速城市化下"转型社区"的社区转型研究》，《城市发展研究》，2007 年第 5 期。

⑤ 黄立敏：《社会资本视阈下的"村改居"社区治理——以深圳市宝安区为例》，《江西社会科学》，2009 年第 9 期。

部成员也受到金钱利益关系的影响。特殊的社区构成背景使得过渡型社区的政治结构受到传统单位因素、家族因素的制约，传统的社区社会关系网络在现行社区的资源分配和利益关系调整中仍占主导，社区治理主体仍以传统组织为主。此外，社区缺乏文化基础，无法形成文化认同，这是因为传统社区文化受到现代社会的冲击，城市文化无法快速形成。因此，社区公共性的回归和社区认同的重建是实现过渡型社区转型的两大主题。①

吴晓燕、关庆华（2015）认为，在"村改居"社区中，社会资本流失严重，表现为社会信任难以建立、互惠规范比较匮乏、邻里关系网络不够密集等，并带来社区认同缺失、集体合作困难、多元治理格局尚未形成等治理难题。必须从培育社区社会信任、完善社区互惠规范、构建紧密的邻里关系网络三方面重构社区社会资本。②

郭小聪、宁超（2017）认为，"过渡型"社区治理的实现即通过丰富社会资本，实现国家、社会和居民的协同式治理。"新治理"中提升"过渡型"社区的治理需要引入社会资本为新的分析范式，拓展社会资本的生态自生性，将社区居民互动式参与、互惠式信任纳入"过渡型"社区治理当中，构建多元交互合作参与的"伙伴式"协商"共治"模式。③

5. 公共服务供给研究

朱敏青（2014）认为，"村改居"公共服务供给机制的创新，需要畅通公民需求的表达和公民的积极参与，即不仅要提供社区居民表达公共服务诉求的各种途径，还要让社区居民直接参与社区公共服务的供给。④

---

① 黄锐、文军：《从传统村落到新型都市共同体：转型社区的形成及其基本特质》，《学习与实践》，2012年第4期。
② 吴晓燕、关庆华：《"村改居"社区治理中社会资本的流失与重构》，《求实》，2015年第8期。
③ 郭小聪、宁超：《"过渡型"社区的治理生态分析：社会资本的解释视角》，《求实》，2017年第7期。
④ 朱敏青：《"村改居"社区公共服务供给机制创新》，《开放导报》，2014年第6期。

覃国慈（2017）认为，村改居社区在改制前的社区公共服务一般由乡镇或者村集体组织提供，改制后的社区公共服务理应由城市政府提供。可现实中，许多"村改居"社区还没有真正纳入城市建设和管理的体系之中，公共服务没有着落，许多服务需要社区自身筹资解决。在社区经济能力有限的情况下，除政府提供的水、电、气、路等基础设施之外，绿化带、公共活动空间、儿童游乐场、教育、文化、医疗、养老等方面的服务十分欠缺，与市民需求之间有很大差距。[①]

三、现有研究述评

社区治理一直是学术界和实践界的热点关注内容。近年来，关于过渡型社区及其类似性质社区的研究成果呈现上升趋势，成果质量和学术价值也逐渐提升。学界对过渡型社区产生的背景和特征基本持有一致的观点，对于过渡型社区转型的困境和路径也都呈现一致的特征，即过渡型社区转型必须实现外在特征和内在特征的双重转型。同时，在实地研究方面也取得了一定的成效，实地研究的调研对象主要选在广东、江苏、河南、重庆、北京等地区。当前的学术研究成果为本书研究提供了丰富的理论基础和思路借鉴。

但是，对于过渡型社区的研究还存在以下几点不足：

一是缺乏针对西部地区过渡型社区的研究。文献中仅有极少数几篇文章写到了过渡型社区的治理，大多选择东部地区、沿海地区、集体经济组织发达的过渡型社区作为研究对象，对西部地区、集体经济组织并不发达的过渡型社区研究甚为缺乏。

二是缺乏动态性研究，忽略过渡型社区转型的过程性和整体性。学界对于过渡型社区的研究均停留在对社区现状的静止状态或者现阶段的

---

① 覃国慈：《"村改居"社区治理的困境》，《学习月刊》，2017年第5期。

时间"点"上，研究过于笼统和机械，而过渡型社区的研究应是一个过程性研究，是一个农村社区转为城市社区的阶段性社区形态，这种转化或转型需要一个长期的过程，应体现其"过渡性"和时间"线"的研究特点。

三是忽略过渡型社区的治理目标与其他社区治理目标的不同。过渡型社区治理的目标应是实现社区转型，所有的治理方式、方法和路径都应以实现社区转型为标准和目标，处理好社区治理和社区转型的关系，这也是城市化的最终目标，所以应采用目标导向的研究途径。

四是忽略过渡型社区治理的地区差异性。学者对于过渡型社区的研究过于笼统和泛化，由于各地城市发展、城市化水平、过渡型社区人员构成、产生背景、居民安置方式和治理方式等存在一定的差异性，研究时必须考虑差异性，不可一概而论。

五是缺乏公共管理学的研究视角和研究方法。当前对过渡型社区治理的研究主要立足于从社会学、人类学、城市生态学等角度进行分析，并大多采用社会学的研究方法和路径，从公共管理学角度，依托治理理论等公共管理理论的研究并不多见。

因此，本书将以治理理论和社会转型理论为主要的理论基础，针对城市化进程的特殊性，强调过渡型社区治理的主要目标是实现社区转型。在此基础上，采用实地研究的研究方法，选择典型的过渡型社区，将其按照转型过程的不同进行分类，从转型初期的治理、转型中期的治理到转型后期的治理，分析每一个转型阶段存在的具体困境，针对每一个阶段的特点采用不同的治理方法，实现不同的治理目标，最终实现过渡型社区治理的总目标即实现社区转型。这样的研究路径会让过渡型社区治理的问题更加具体化和明确化，研究过程更具针对性，研究结果更加深入和系统，为过渡型社区的顺利转型和城市化的顺利实现提供理论依据及学术成果，也将为已有学术研究领域提供新的研究思路。

第三节 研究思路与研究方法

一、研究思路

本书遵循社会科学应用研究的基本路径和思路，按照背景介绍—现状描述—困境分析—对策建议的研究路径，以公共管理学、政治学、社会学等相关学科理论为指导，综合运用文献分析法、实地研究法等研究方法，采用划分转型阶段的方式，对过渡性社区转型过程中不同阶段的治理问题进行剖析和反思，力求实现过渡型社区的顺利转型。本书首先对过渡型社区产生的背景及其特征做简要梳理，然后选择银川三个典型的过渡型社区作为实地分析对象，对过渡性社区转型中的治理现状进行考察。通过实地调研发现，过渡型社区治理不能概而论之，不同的转型阶段面临的困境并不相同，要想实现顺利转型，必须准确把握每一个转型阶段的主要问题和矛盾，分段进行，各个击破，以阶段性转型促进整体转型。所以，本书按照转型时期的不同，每一个阶段都选择时期特征、治理表现、治理困境三个维度进行深入论述，并研究过渡型社区转型中的治理困境，根据不同的治理困境，得出有效促进过渡型社区顺利转型的治理策略。

全书共分八章。

第一章"导论"，主要提出对过渡型社区有效治理，实现社区转型的选题缘由和选题意义，梳理国内外对过渡型社区治理的研究现状，简单介绍研究方法和研究思路，并确定本书的理论基础，界定相关的核心概念。

第二章"过渡型社区概述"主要介绍过渡型社区产生的背景、基本特征，明确社区治理的目标是实现社区转型。

第三章"过渡型社区治理的现状考察"主要选择银川三个典型过渡型社区作为实地研究对象，分析其治理现状和转型效果。在本章现状考察的基础上，本书得出重要启示，即过渡型社区治理存在阶段性差异，不同的转型阶段面临的治理困境并不相同。因此，本书接下来采用分阶段进行研究的方式。

在第四章"过渡型社区转型初期的治理"、第五章"过渡型社区转型中期的治理"、第六章"过渡型社区转型后期的治理"中分别选择每个转型阶段的主要特征、治理表现和治理困境这三个主要维度，深度分析过渡型社区治理在不同转型阶段的治理状况。

第七章"过渡型社区的治理策略"主要是依托治理理论，针对过渡型社区转型过程中的治理困境，采取明确治理目标等（包括总目标和每个转型阶段的目标、治理原则、采用接触—信任—合作的治理思路）、解决治理困境（治理制度的有效供给和衔接、治理内容上注重公共服务的供需平衡、构建多元参与的治理格局）、采用传统与现代相结合的治理手段（发挥社区共同体的作用、推动文化治理、加快社区网络信息化建设等）等一整套较为完善的治理策略，最终目标仍然是促进过渡型社区的转型。因此，本书主要的研究思路如图 1-2 所示。

第八章"结论与讨论"主要是提出结论，本书的创新及不足。

二、研究方法

（一）文献研究

在全国进行大规模市化建设的背景下，结合国家治理体系与治理能力现代化的宏观总政策，本书对已有的关于城乡社区治理的国家政策、文献资源、数据资料、网络资源等进行整理与分析，为过渡型社区治理提供基本思路和借鉴。同时，梳理总结当前关于过渡型社区治理的相关学术研究成果，关于过渡型社区转型的相关政策文件，对过渡型社区转

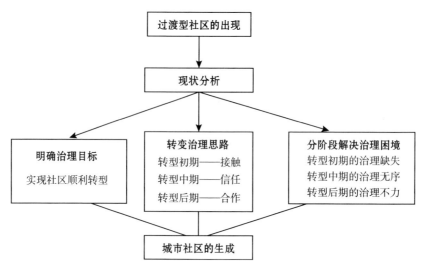

图 1-2　过渡型社区治理的研究思路

型和治理的参考及创新。通过系统的文献研究，分析当前过渡型社区的历史演变、相关制度政策、社区变迁的主要内容、社区治理的应然主体和实然主体、各个主体在社区转型中的职能定位、如何促进社区转型的相关政策及制度等，为过渡型社区转型中的治理困境解决和治理策略的构建提供理论依据，夯实基础。

（二）实地研究

本书进行实地研究的具体形式是个案研究，即根据转型阶段的划分，选择银川三个代表不同转型阶段的社区分别进行个案研究，深入了解三个典型社区的转型特征、主要矛盾、转型障碍、治理困境等，并提出实现过渡型社区有效转型的治理框架和治理思路。

资料收集的方法主要是访谈法和观察法，为本书提供更加丰富、客观的论据。访谈法是在掌握相关政策、制度和数据资料的基础上，通过访谈街道办事处干部、社区居委会成员、集体经济组织主要管理人员、物业管理公司、社区本地居民、社区外来人口等，了解过渡型社区的治理困境、掌握政府等治理主体的角色定位、职能发挥、每个转型阶段的主要问题和矛盾、群众对政府及相关治理主体的期待等。

观察法是笔者在固定的期限内深入到具体的社区内部，直接观察和切身感受过渡型社区转型中遇到的困境、治理主体在促进社区转型中职责发挥情况，社区居民的实际需求和社区转型的效果等。

第四节　相关理论及核心概念界定

一、相关理论

（一）治理理论

治理理论是近年来被广泛应用于社会科学研究领域的主要基础理论，这一理论主要由西方社会发展而来。为了弥补"政府失灵"和"市场失灵"，解决不断凸显的全球性问题，治理理论无疑提供了一种全新的思路。1989 年，世界银行在概括当时非洲情形时首次使用"治理危机"。此后，"治理"一词便逐步发展成为一个在经济学、管理学、政治学等领域内涵丰富、适用价值广泛的概念。

全球治理理论的主要创始人之一詹姆斯·罗西瑙（James N. Rosenau，1995）在其代表作《没有政府的治理》中明确指出：治理与政府统治不是同义语，它们之间有重大区别。他将治理定义为一系列活动领域里的管理机制，它们虽未得到正式授权，却能有效发挥作用。与统治不同，治理指一种由共同的目标支持的活动，这些管理活动的主体未必是政府，也无须依靠国家的强制力量来实现。换句话说，与政府统治相比，治理的内涵更加丰富，它既包括政府机制，同时包括非正式的、非政府的机制。[1]

治理理论的另一位代表人物罗茨（R. Rhodes，1996）认为：治理

---

[1]　詹姆斯·罗西瑙：《没有政府统治的治理》，剑桥大学出版社 1995 年版。

意味着"统治的含义有了变化，意味着一种新的统治过程，意味着有序统治的条件已经不同以前，或是以新的方法来统治社会"。他同时详细列举了六种关于治理的不同定义：①作为最小国家的管理活动的治理，指国家削减公共开支，以最小的成本取得最大的效益；②作为公司管理的治理，指指导、控制和监督企业运行的组织体制；③作为新公共管理的治理，指将市场的激励机制和私人部门的管理手段引入政府的公共服务；④作为善治的治理，指强调效率、法治、责任的公共服务体系；⑤作为社会——控制体系的治理，指政府与民间、公共部门与私人部门之间的合作与互动；⑥作为自组织网络的治理，指建立在信任与互利基础上的社会协调网络。①

库伊曼能和范·弗利埃特（J.Kooiman and M.Van Vliet，1993）指出：治理的概念是，它所创造的结构或秩序不能由外部强加；它能发挥作用，是要依靠多种进行统治的以及相互发生影响的行为者的互动。②

国内治理理论的重要研究者俞可平（2000）认为，治理的基本含义是指在一个既定范围内运用权威维持秩序，满足公众的需要。治理的目的是在各种不同的制度关系运用中运用权力去引导、控制和规范公民的各种活动，以最大限度地增进公共利益。从政治学的角度看，治理是指政治管理过的过程，它包括政治权威的规范基础、处理政治事务的方式和公共资源的管理。它特别地关注在一个限定的领域内维持社会秩序所需要的政治权威的作用和对行政权力的运用。③

最具代表性和权威性的治理定义来自全球治理委员。1995年，全球治理委员会在研究报告《我们的全球伙伴关系》中对治理界定如下：治

---

① 罗茨：《新的治理》，《政治研究》，1996年第154期。

② 库伊曼、范·弗利埃特：《治理与公共管理》，见库伊曼等编《管理公共组织》，等萨吉出版公司1993年版。

③ 俞可平：《治理与善治》，社会科学文献出版社2000年版。

理是各种公共的或私人的机构管理其共同事务的诸多方式的总和。它是使相互冲突的或不同的利益得以调和并且采取联合行动的持续的过程。这既包括有权迫使人们服从的正式制度和规则，也包括各种人们同意或以为符合其利益的非正式的制度安排。它具有四个特征：治理不是一整套规则，也不是一种活动，而是一个过程；治理过程的基础不是控制，而是协调；治理既涉及公共部门，也包括私人部门；治理不是一种正式的制度，而是持续的互动。①

当然，鲍勃·杰索普（1999）也提出了治理会面临失败的风险。他认为：治理的要点在于：目标定于谈判和反思过程中，要通过谈判和反思加以调整。就这个意义而言，治理的失败可以理解成是由于有关各方对原定目标是否仍然有效发生争议而未能重新界定目标所致。② 也就是说，治理并不能完全代替国家和市场的作用，而必须实现与国家、市场的有效配合。

1. 治理理论在我国的适用性

笔者认为，虽然我国与西方国家的历史背景、政治制度、体制、经济发展水平、文化传统等具有很大差异，也不具备治理理论所需的成熟的公民社会背景，但治理理论为我国的公共管理在方式、方法和途径等方面提供了思路借鉴。我们并不赞同完全照搬西方国家的治理模式和思想，当然也不具备完全照搬的条件，但可以利用治理理论的观点，如多元主体参与、促进公民参与、培育社会组织、加强沟通协同等，为我国的公共管理和公共部门提供新的思路。近年来，从国家的宏观政策、地方政府的职能转变、学术界对治理的清晰认识、微观领域的管理变迁等方面都可以看到治理理论在我国的有效应用。

---

① 全球治理委员会：《我们的全球伙伴关系》，牛津大学出版社 1995 年版。
② 鲍勃·杰索普：《治理的兴起及其失败的风险：以经济发展为例的论述》，《国际社会科学》（中文版），1999 年第 1 期。

同时，我们也必须警惕治理理论的失败风险，应从我国的实际情况出发，合理利用治理理论，发挥政府在治理中的主导作用，使政府成为"同辈中的长者"，有效引导各个治理主体发挥作用。

2. 治理理论对本书研究的指导意义

首先，过渡型社区治理是国家治理的重要组成部分，其治理主体呈现多元化和复杂化的特点，如何实现多元主体的合作与协同，治理理论为此提供了思路借鉴。

其次，过渡型社区治理是一个长期的过程，这也与治理理论所言治理是一种持续性互动过程的说法一致。

最后，治理不仅需要正式制度，也需要非正式制度发挥作用，建立社会资本。

对于过渡型社区治理而言，社区实现转型需要利用非正式制度的优势，注重社会资本的建立，增强社区凝聚力。因此，治理理论是本书主要采用的理论基础，其在治理主体、治理方式、治理目标、治理途径等方面对本书具有很高的利用价值。

（二）社会转型理论

社会转型理论来源于西方社会学的现代化理论，是西方社会学家描述和解释当今世界社会变迁与发展问题时普遍使用的一种理论，该理论认为，社会转型是从传统社会向现代社会的转变。

中国社会学家郑杭生（2005）认为，社会转型是从农业的、乡村的、封闭的或半封闭的传统型社会，向工业的、城镇的、开放的现代型社会的转型。[1]

国内研究社会转型理论的专家孙立平（2013）认为，社会转型，是一个从计划经济体制向市场经济体制转轨并由此引发的社会变革过

---

[1] 郑杭生：《中国特色社会学理论的探索》，中国人民大学出版社 2005 年版。

程。并提出了"转型陷阱",即在变革和转型的过程中,部分获益者阻碍进一步变革,要求维持现状,希望将某些具有过渡性特征的体制因素定型化,并由此导致经济社会发展的畸形化和经济社会问题的不断积累。①

王雅琳(2003)认为,中国的现代化社会转型,在社会发展的客体性、主体性和制度建构三个向度上体现为"时空压缩"。她提出了"三分范式"的"社会双重转型论"来替代现有的"社会转型理论"。具体来说,中国现代化的社会转型,是在探索和选择社会主义发展方式的前提下,在社会主客体的生成关系上实现两个相互关联的"社会双重转型",协同共进地处理好生产力形态、人的生存形态和生产关系与基本社会制度形态三个方面的"双重转型"关系,而这三者关系正是构成社会主义物质文明、精神文明和制度文明建设的有机组成部分。②

综合我国社会学学者对社会转型的论述,主要有三个层面的阐述。一是社会转型是一种体制转型,即从计划经济体制向市场经济体制的转变;二是社会转型是一种结构变动,即社会结构转换、机制转轨、利益调整和思想观念的转变;三是社会转型是一种形态变迁,即从传统社会向现代社会、从农业社会向工业社会、从封闭性社会向开放性社会的转变。改革开放以来,我国社会层面发生了翻天覆地的变化,人们的行为方式、生活方式、价值体系都有了明显的不同,特别是人们的聚居形态、居住区域明显变迁。这一时期,城乡之间发展水平进一步拉大,贫富差距更加明显,教育、文化、卫生等民生方面的差距更加突出,对人们的思想观念、行为方式产生了直接的影响。

社会转型理论对本书的指导意义。社会转型理论是对中国社会正在

---

① 孙立平:《"转型陷阱"的提出与意义》,《北京日报》,2013年8月19日,第18版。

② 王雅琳:《中国社会转型研究的理论维度社会学研究》,《社会学研究》,2003年第1期。

由传统型社会向现代型社会转变的基本判断，也是新型现代化理论的基础。这对于我们研究过渡型社区发展在社会转型时期的特殊地位和作用，正确认识和理解过渡型社区建设过程的复杂性和艰巨性有着重要的指导意义。社区转型是社会转型的微观体现，社会转型的实现需要社区转型的成功做保证。社会转型的背景使社区转型变得更为复杂，而社区转型也即是如何对社会转型这个大背景下出现的过渡型社区进行治理。所以，社会转型理论可以为过渡型社区转型内容、治理策略等方面提供研究背景和路径借鉴上的宏观思考。

二、核心概念界定

（一）社区

1887 年，德国社会学家滕尼斯在其著作《共同体与社会》中首次提出"社区"的概念。他认为，社区主要存在于传统的乡村中，它是人与人之间关系密切、守望相助、富有人情味的社会团体。连接人们的是具有共同利益的血缘、感情和伦理团结纽带，人们基于情感动机形成了亲密无间、相互信任的关系。[①] 因此，滕尼斯所说的社区是一种地域共同体、血缘共同体和精神共同体。

随着工业化和城市化的进展，社区概念得到了丰富和进一步的发展。美国芝加哥大学的学者帕克（1936）提出社区最重要的特征是共同的地域性；美国社会学家希勒里（1955）提出新的观点，他在收集总结有关94 个社区定义的基础上，认为社区应当包括社会互动、地理区域、共同关系这三个特征。伯纳德和桑德斯（1968）将社区的定义概括为三种：第一种，社区是居住于特定地区范围内的人口；第二种，社区是以地域为界并具有整合功能的社区系统；第三种，社区是具有地方性的自治自

---

① ［德］滕尼斯：《共同体与社会》，林荣远（译），商务印书馆1999 年版。

决的行动单位。1979 年出版的《新社会学辞典》把社区定义为：人们的集体，这些人占有一个地理区域，共同从事经济活动和政治活动，基本上形成一个具有某些共同价值标准和相互从属的、感情的、自治的社会单位，城市、城镇、乡村或教区就是例子。虽然社区概念没有形成统一的认识，但其界定正在日趋合理化和科学化，这为我国的社区研究提供了很多借鉴。

20 世纪 30 年代初，费孝通将社区的概念引入中国，并提出"熟人社会"和"差序格局"等观点，认为农村社区是以宗族、血缘、地缘为纽带而形成的一种独立的、自治的生活共同体，并体现在他的多本著作中。《乡土中国》《江村经济》等均选择社区作为主要的研究对象，形成了丰富的理论成果。随后，社区在我国的研究日渐丰富和成熟，出现了大量研究社区的知名专家学者，如蔡禾、李培林、蓝宇蕴、汪大海、向德平、顾永红、何艳玲、徐永祥等。

2000 年 11 月 19 日，中共中央办公厅、国务院办公厅联合转发《民政部关于在全国推进城市社区建设的意见》（中办发〔2000〕23 号），对社区的定义进行界定：社区是指聚居在一定地域空间范围内的人们所组成的社会生活共同体。该文件将城市社区划定为经过社区管理体制改革并进行规模调整的社区居委会辖区。

（二）过渡型社区

当前，学界关于过渡型社区的定义并没有准确的、统一的界定，但对于这种"过渡"性质的社区研究已相当完善，出现很多类似性质的社区和定义，有些则和村改居社区、拆迁安置社区、转型社区等是同义语。关于过渡型社区的定义，具有代表性的有以下几种：

吴晓燕、赵普兵（2014）认为，从农民到市民的转变中，承载城镇人口的并非是成熟的城市社区，而是因社会的深度发展、城镇化的推动，人口结构、发展状况和治理方式具有过渡性、复杂性、特殊性的非成熟的社区,这种社区称之为过渡型社区。①

张晨(2011)认为,"过渡型社区"意味着这类社区具有过渡性特征,是中国特色城镇化进程中的特定社区演进形态,这类社区既包含着城市社区空间形态的特点,又延续着一定的农村社区属性(文化传统、生活习俗)。②

程宏如、刘雪晴(2014)认为,过渡型社区指农村拆迁安置社区,即由农村拆迁户组成、兼具城市和农村特点,实现治理方式、农民向居民身份和农民生产生活方式等多方面的转变,实现农民社区生活的新方式,形成成熟的城市社区形态以适应和融入城市生活的具有过渡性质的社区。③

本书的"过渡型社区"指在城市化进程中,农民由于失地、拆迁后被集中安置在城市周围并随着城市范围的不断扩大而逐渐进入城市内部的一类中间社区,这类社区在空间形态和文化特质上处于由农村社区向城市社区的过渡阶段。为了城市空间发展和扩张的需要,城市需要大量土地,地方政府在城乡接合部通过征地开发的方式,形成了一大批失地农民。为节约失地农民的安置成本,政府一般采取统一规划修建安置点的办法,用较少的土地和空间集聚大量的失地农民。过渡型社区在空间形态上具有了城市社区特征,但其居民在生活状态、文化认同、价值观念等方面仍保留了农村社区的特征,形成了传统与现代、城市文化与农村文化对立和冲突的现象,无疑给这类社区的治理带来了挑战。

需要说明的是,本书所研究的"过渡型社区"与近年来学术界和实践界普遍使用的"村改居社区""边缘社区""转型社区"等说法和界定看似有些相似之处,但本书在阅读相关文献资料基础上最终采用"过渡

---

① 吴晓燕、赵普兵:《"过渡型社区"治理:困境与转型》,《理论探讨》,2014 年第 2 期。

② 张晨:《城市化进程中的"过渡型社区":空间生成、结构属性与演进前景》,《苏州大学学报》(哲学社会科学版),2011 年第 6 期。

③ 程宏如、刘雪晴:《过渡型社区治理的现实困境应对举措——以江苏省盐城市城南新区为例》,《人民论坛》,2014 年第 23 期。

型社区"的说法而不采取其他称谓，其原因有二：

一是本书所指的过渡型社区是在城市化和被政府征地、拆迁原地安置后形成的失地农民社区，其产生有很大的被动性。而"村改居社区"等说法既有被动纳入城市范围的安置社区，也包括根据社区发展而主动进行"村改居"的社区，这一部分主动进行改造的社区并不在本书的研究范围内。

二是本书认为"过渡型社区"治理是一个体现阶段性和过程性的治理，需要一种持续性的关注。

本书将过渡型社区治理按照不同的转型阶段从转型初期的治理到转型中期的治理再到转型后期的治理进行过程性分析，整个研究过程和研究内容都在体现其"阶段性""过渡性"和"过程性"，而村改居社区等其他说法大多仅在研究一个具体的"点"或"状态"，一定程度上并不能完全体现出本书注重过程性的研究特色。

（三）过渡型社区治理

过渡型社区治理，指在现有法律法规、政策规定的前提下，在辖区政府的统一管理下，以社区居民及其选举产生的自治组织（一般指居民委员会）为最重要的主体，社区党组织、集体经济组织、社会组织、驻区单位等多主体共同参与、共同管理过渡型社区公共事务的活动。这一治理活动旨在满足过渡型社区居民的基本需求和特殊需求，通过不断创新治理方式，转变治理思路，实现外在要素的转型，社区内在要素的转型和社区治理方式的转型，最终实现过渡型社区顺利转型为城市社区的过程。

过渡型社区治理具有特殊性和复杂性，与农村社区治理、城市社区治理都存在很大的差异。在过渡型社区治理过程中，政府只是治理主体之一，并不是社区治理中的唯一主体，其发挥作用的方式主要是通过指导、支持、帮助、引导、服务社区开展治理的各项具体活动，而不是行政性的强制；社区党组织、社区自治组织、集体经济组织、非营利组织、驻区单位等其他主体，通过引导、协商、沟通、联合、合作等方式，影响和参与社区公共事务管理。过渡型社区治理的目标是通过多主体共同参与社区治理活动，实现不同主体作用的优势互补、互相促进、彼此制约，促进社区实现善治和有效自治，从而使社区最终实现"自我教育""自我管理""自我服务""自我约束"，达到过渡型社区顺利转型为城市社区的目的。

2

第二章

过渡型社区概述

为了对过渡型社区有更加深入、彻底的了解，也便于后续章节的研究需要，本章主要对过渡型社区的基本情况进行梳理，包括过渡型社区产生的背景、特征及其治理的目标。由治理的目标即为实现转型开始引发笔者的思考和讨论。实现哪些方面的转型才能和成熟的城市社区并轨？转型中遭遇了哪些不适？该如何实现真正的转型？因此，本章内容是全书的理论基础，为后续内容的分析与讨论提供了依据。

第一节　过渡型社区产生的背景

滕尼斯在《共同体与社会》一书中对社区与社会两个概念进行比较，正好体现了他所处的那个时代（19世纪后期）欧洲经济社会发展对传统社区的影响。随着全世界工业化和城市化的兴起与发展，整个社会正在经历从传统型社会向现代型社会的转变。社会的飞速发展、社会组织的逐渐成熟，网络、信息、交通等新兴技术不断涌现等因素都对传统社区产生了很大的冲击。传统社区中的邻里关系、文化认同、价值观念等正在发生改变和异化，在转向城市社区的过程中，就有了过渡型社区的出现。在我国，同样因为城市化进程的加快使大量农村变为城市、农民变为市民，这种转变的过程就催生了过渡型社区的出现。张晨（2011）认为，所谓"过渡型社区"，意味着这类社区具有过渡性特征，是中国特色城镇化进程中的特定社区演进形态，这类社区既包含城市社区空间形态的特征，又延续了一定的农村社区属性。①

① 张晨：《城市化进程中的"过渡型社区"：空间生成、结构属性与演进前景》，《苏州大学学报（哲学社会科学版）》，2011年第6期。

处于城市社区与农村社区之间的中间形态是过渡型社区最主要的特征，具备一定的复杂性。从社区的外部环境来说，过渡型社区已基本实现了向城市社区转变的条件，但从社区的内部要素看，距离成熟的城市社区还有一定差距，社区内部大多是经历被动拆迁、失地、毫无就业途径和社会交往的农民，传统社区的文化基础、价值意识、社区认同等还有根深蒂固的影响，在短时间内很难实现转变。对于过渡型社区来说，虽然基本上和全国其他地区同类社区出现在同样的时间节点，与其他过渡型社区具有一定的相似之处，但其具备一定的特殊性，发展程度和转型进程还较为缓慢，为深入研究过渡型社区治理的相关问题，先要明确其产生的主要背景，且过渡型社区的转型障碍和治理困境等与其产生的背景有很大的关系。过渡型社区的出现主要基于以下几方面的背景因素：

一、城市化的被动催生

城市化是我国经济发展中的一大特色，在促进我国经济发展、实现城乡一体化发展、提高城乡均衡治理等方面做出了巨大的贡献。随着城市范围的逐渐扩大，大量农村地区通过征地、拆迁安置等方式纳入城市规划和管理范围，大量的农村人口转入城市户籍，被动接受城市生活和城市社区的管理模式。同时，随着我国人口流动的不断加剧，大量农民工进入城市范围，且流动规模逐年扩大。因此，承载大量征地拆迁失地农民和进城务工人员由农村社区转型为城市社区的过渡型社区出现。过渡型社区的产生与发展一般都会经历地域转变历程，城市化进程的加快需要城市对其范围进行扩张，那么处于城乡接合部和城市周边的农村地区先行纳入城市范围，形成城市边缘社区，而随着城市化的不断推进以及人口的不断流动和交往，这些处在边缘位置的社区又经过城市范围的再度扩大而进入城市内部，直接与城市社区共同处于同样的社区管辖地域中，但实际并未实现和城市社区同等的社区建设及治理水平，因此仍然是一种过渡性质的社区属性。

对于社区而言，城市的经济发展和均衡具有一定的迫切性，过渡型社区是在城市化的要求和推进下出现的，通过政府部门大规模的征地、拆迁、安置等，大量的过渡型社区如雨后春笋般被动出现并开始挑战政府的治理能力。城市化带给过渡型社区的直接影响是，虽然生活在城市，但原有的生活方式、文化氛围、治理结构被强行破坏；虽然社区最终会转型为城市社区，但就现阶段的实际情况来看，确实需要采取有效措施来真正解决这些城市化带来的负面问题，否则会带来更多隐患和社会问题，这些社区能否有效转型和治理是城市化进程中必须要考虑的问题。

二、某些地方政府的利益推动

近年来，国家层面越来越重视城市化的问题，也提出我们的城市化应该是最终实现人的城市化。但是，在高涨的城市化浪潮下，某些地方政府为了追逐城市化红利，片面追求城市规模扩大、经济指标的增长，靠行政力量大量征收、拍卖农村土地，同时大力招商引资，将土地进行交易，与房地产开发商一起赚取其中利益。与此同时，失去土地和房屋的农民并未获得平等、公正的利益补偿。所以，地方政府在推动城市化发展的过程中，一方面依靠城市化追求地方经济发展和实现自身政绩，另一方面从土地征收和房屋拆迁中获取财政收益，而并未充分考虑失去土地和住所的农民该如何解决后续的相关问题。

某些地方政府强力发起、推动和建设新型社区，在仓促中将大量失地、拆迁的农村人口集中安置在城市社区中。随之而来的是，在某些地方政府利益驱动下生成的过渡型社区虽然已进入城市区域范围，却并未实现和完善新建社区的各项功能，也并未享受和城市社区等同的公共服务供给和福利保障，与城市社区的各项内容和各种功能相差甚远。

三、城乡均衡发展的必经阶段

我国长期以来实行城乡二元分治的管理模式，城乡陷入极其不平衡的发展状况，非常不利于经济和社会的发展。

为了改善这一局面，促进城乡均衡、同步发展，我国出台了一系列政策、措施，加强城乡一体化、均衡化建设与发展。但是，城乡二元体制的影响并未很快消除，且政府等治理主体的治理观念以及居民自身的融合还存在障碍，城乡一体化建设不可能快速、直接、强行地实现，也不是一蹴而就的，需要一个长期的发展过程，那么必须经历"过渡型社区"的过渡阶段，通过一段时间的发展和转型，使社区外部环境和内部环境以及居民自身得到彻底改变，最终实现和城市社区的合并。也就是说，过渡型社区是农村社区发展为城市社区的中间阶段，也是城乡实现均衡发展和城乡一体化建设的必经阶段。

第二节　过渡型社区的特征

过渡型社区与成熟的城市社区以及农村社区相比，具有典型的过渡型特征。综观学者们对过渡型社区特征的研究，已达成了一定程度上的共识。刘祖云、李烨（2017）认为，过渡型社区有三个特征：一是行政主导性，即这类社区的生成与治理不是自然自发的，而是通过行政的"强制性协调"予以实施的；二是不稳定性，即这类社区的居民行为、组织形态以及治理结构都处于未定型的阶段；三是治理异质性，即这类社区人员的构成相较于传统村落与城市社区具有异质化特点，它是一个集白领、农民工、学生和动迁村民等不同阶层人员混居杂糅的社区，因此，对它的治理既不能应用村落的治理模式，也不能应用城市社区的治理模式。①

张晨（2011）认为，过渡型社区具有以下结构属性：社区生成行政化、社区人口结构复杂化、社区文化异质化、社区居民非农化、社区景观城市化、社区发展动态化、社区治安复杂化。②本书在分析过渡型社区整体特征的基础上侧重于考察过渡型社区的过渡性、特殊性和复杂性。

一、环境转换的过渡性

（一）由农村到城市的过渡

过渡型社区是一种处在由传统乡土社会转入现代城市社会的过渡性阶段，其生活环境、居住住所、社区结构、文化氛围等都将发生改变。居民从宽阔广袤、独门独院、邻里互助、和睦友善的农村生活转入相对封闭、活动空间受限、交往复杂、生活节奏加快的城市生活，从以血缘、亲缘、地缘等纽带联系起来的农村社区转入主要以业缘为纽带的城市社区，当然这种业缘纽带对于过渡型社区来讲短时间内又很难建立。

以上所说的种种转入或改变在过渡型社区阶段仍然难以实现，或者说处在实现的过程中，是由农村到城市的一种过渡和缓冲。因此，过渡型社区具有由农村到城市过渡的显著特征。

（二）由村民到市民的过渡

过渡型社区的存在既然是由农村到城市的过渡，那么相应的必然是一种农民到市民的过渡，经历由农民到失地农民再到过渡型社区居民最终实现市民身份确认的过程。这种过渡，首先是户籍身份改变的过渡，实现农村户籍转入城市户籍，和城市人口纳入同样的户籍管理范围；其次是享受待遇不同的过渡，从以前农村生活中社会保障并不健全或保障

---

① 刘祖云、李烨：《理解过渡型社区认同之三维：时空、记忆及意义》，《理论探讨》，2017年第2期。

② 张晨：《城市化进程中的"过渡型社区"：空间生成、结构属性与演进前景》，《苏州大学学报（哲学社会科学版）》，2011年第6期。

水平不高过渡到城市生活完善的福利保障体系和较高的保障水平，享受和城市人口同等的社会保障待遇；最后是居民观念转变的过渡，这种观念包括生活观念、教育观念、就业观念、价值观念等，生活上必须适应城市的生活方式，教育上必须提高自身素质，就业上必须实现城市的就业方式，价值观上必须实现城市社区的价值认同。当然这三种身份过渡的具体形式是由易到难、从初级阶段过渡到高级阶段。

目前的过渡型社区是一个社区转型过程中的特殊形态，居民自身观念的转型是最关键环节，也是实现过渡型社区顺利转型为城市社区的最终目标。

（三）由村委会到居委会的过渡

过渡型社区经历由农村到城市，由农民到市民的过渡，那么在治理主体上主要是经历从村委会到居委会的过渡。在法律上，首先，村委会和居委会都是所在区域村民或居民自我管理、自我教育、自我服务的基层群众性自治组织，实行民主选举、民主决策、民主管理、民主监督。其次，它们都是主要负责办理本区域的公共事务和公益事业，调解民间纠纷，协助维护社会治安，向政府反映意见、要求和提出建议。最后，它们都是发展基层民主，维护民众的合法权益，促进社会主义新农村建设和城市社区建设。

但是，农村社区和城市社区所面临的公共事务并不相同，有各自需要针对性管理的问题，且村民和居民在社区中的需求也存在差异，管理对象不同。所以，过渡型社区将面临由村委会向居委会的转变和过渡，将面临组织机构、管理人员、治理内容、治理方式等的交接与衔接工作，该如何顺畅完成治理主体上的过渡以确保顺利度过过渡期是过渡型社区治理中必须要面对的问题。

（四）由村民自治到居民自治的过渡

村民自治和居民自治是我国基层社会独特的两种自治形式，其在基层社会治理中发挥着重大作用，产生了积极的影响。农村社区采用村民自治的治理方式，城市社区采用居民自治的治理方式，过渡型社区正经历这样一种从村民自治阶段到村民自治与居民自治共存阶段再到居民自治的过程。

过渡型社区经历农村到城市的过渡，村委会需要转型为居委会，意味着要进行由村民自治向居民自治的过渡。这种过渡需要通过身份的过渡、观念的过渡、制度的过渡、治理氛围的过渡、自治事务的过渡等方面实现。对于这种多重过渡时期，如何改变原来的自治方式，或是借鉴原来自治方式，从中获取先进的做法和经验，来确保新的自治方式的实现，是过渡型社区面临的主要问题。在这个过渡阶段，如何凝聚社区自治基础、培养居民自治意识、培育居民自治环境、让居民融入现有自治结构等是实现居民自治的主要任务，也是真正转型为城市社区的重要表现。

二、社区治理的复杂性

（一）治理主体的复杂性

众所周知，城市社区治理应是实现社区"自我管理、自我教育、自我服务"的社区自治模式，居民是社区自治的主体，社区居委会是社区自治的载体。但受到我国体制影响和社区实际运行情况的制约，社区自治在目前阶段还难以实现，社区治理依然需要政府、市场、社会等多种治理主体来实现，或者说需要这些治理主体的共同协作才能实现社区自治。在这种情况下，过渡型社区的治理主体可以说是非常复杂的，各个主体之间处于衔接上的混乱、无序和失配状态中，使社区治理变得异常艰难，几乎很难实现城市社区的社区自治。

过渡型社区处在一个转变和过渡的过程中，有众多治理主体交织在一起，每种治理力量都对社区有一定的治理作用，发挥着一定的治理职能，但又因为主体太多而造成了治理空白地带或治理拥挤交叉区域。所以，过渡型社区治理主体的复杂性主要体现在治理主体的数量众多和治理主体如何有效治理社区两个方面。

在治理主体的数量方面，除了居民自治赋予居民治理主体的身份，社区内部既有社区原来的治理主体，如村党政组织、传统家族力量等，又有现代城市社区带来的新增治理主体，如社区党政组织、集体经济组织、物业公司等，还有一些其他社会组织等力量，如驻区单位、社区自组织等。如此众多的治理主体同时出现在过渡型社区的治理格局中，虽然有些组织会随着社区的发展而逐渐消失，但其对社区和社区居民的影响在一定时间内还难以消除。

在治理主体如何有效治理社区方面，如此众多的治理主体和治理力量，该如何转变，原有治理主体如何发挥作用，该如何与现有主体共同发挥作用，如何在适当的时机退出治理体系，现有治理主体该如何准确衔接并对社区进行有效治理促进社区转型，其他治理主体如何嵌入社区治理结构，对社区治理形成补充，各种主体之间如何形成合力提高治理效率，这些都是过渡型社区治理主体复杂性的体现。

（二）治理内容的复杂性

过渡型社区治理的治理事务繁多，对象多元，内容复杂，难度较大。治理主体不仅需要面临自身职能转变和与其他治理主体之间的分工配合，还要解决社区内部各种过渡阶段的矛盾和冲突、各种利益主体之间的利益协调、满足社区居民不断转变的各类需求、建立与维护社区内部秩序、引导社区居民实现观念转型和行动转型，创造社区自治环境，培育社区自治能力，最终实现社区转型等多项艰巨且棘手的工作任务。这对处于过渡阶段的治理主体来说，无疑是一种治理能力的考验，而这种治理困难和能力考验也在一定程度上影响了治理主体的积极性和治理效果。

也就是说，过渡型社区治理，既要完成城市社区治理的基本任务，还增加了很多在农村社区治理和城市社区治理中没有的内容及工作，且这些治理内容在短时间内难以解决，对基层治理提出很大挑战，这些都体现了过渡型社区在社区治理内容上的复杂性。

（三）治理过程的复杂性

过渡型社区发展的理论期待和实际发展结果，是通过一段时间使其成功转型为成熟的现代化城市社区，实现万众期待的城市化目标。但不可忽视和回避的是，这个过程是非常艰难且需要付出很多精力和努力的。在这样相当长的时间里，综合过渡型社区的治理现状看，各种不确定、意外和危险情况都会发生，也会出现转型阻力和转型偏差，众多不确定的复杂情况需要治理主体在社区发展过程中及时预见并予以解决。因此，过渡型社区的转型虽是一个会实现的目标，但这个实现的过程相当复杂，需要扫除各种障碍，化解各种危机，应对社区治理和社区发展中的各种复杂性。

第三节　过渡型社区的治理目标

治理转型中的过渡型社区是一个渐进过程，而不是一蹴而就的，需要相当长的一段时间，需要多个治理主体的协同互动，既需要在基础设施建设和公共服务供给方面的投入，更需要居民素质和思想观念的转型。总而言之，过渡型社区转型是城市化的必然结果，也是实现我国社会发展进步特别是繁荣发展的有效途径，其转型成效将成为衡量城市化成功与否的主要标尺，也是经济社会发展成效的重要体现，更是检验治理成败的过程。

因此，过渡型社区转型的治理目标，是在充分尊重满足社区居民需求的基础上，由政府主导，市场、社会和居民等主体共同对社区内的公共事务进行管理，通过多种方式帮助社区实现社区结构、居民生活方式、治理模式和思想观念等方面的转型，最终实现社区从传统农村社区顺利转型为现代城市社区。

从以上概念的梳理可以看出，过渡型社区具有一定的过渡性、特殊性和复杂性，其治理目标除了像农村社区和城市社区那样实现社区内部公共事务的多元共治，更重要的目标是促进社区的转型。实现过渡型社区顺利转型是社区治理的目标之一，社区治理是社区实现转型的保障，所以社区治理和社区转型不是两个独立开来的概念和过程。城市化的出现带来了过渡型社区这一特殊的社区形态，而城市化的脚步依然在加快，催生过渡型社区必须尽快实现转型才能实现真正的城市化。

美国学者弗里德曼将城市化过程区分为城市化Ⅰ和城市化Ⅱ。前者是可见的、物化了的包括人口和非农业活动在规模不同的城市环境中的地域集中过程、非城市型景观转化为城市型景观的地域推进过程；后者是抽象的、精神上的过程，包括城市文化、城市生活方式和价值观在农村的地域扩散过程。[1] 因此，本书认为，过渡型社区治理的目标主要是实现社区转型为成熟的城市社区，真正融入城市。具体来说，转型的内容涉及很多方面，其中至少需要实现三个方面的显著变化或转型。

一、实现社区外在要素的转型

社区基本形态的转型是社区转型最基础的部分，也是最能直接体现社区转型的直观过程。社区基本形态是社区所呈现出来的外在特征和社区基本情况的总和，包括社区的地理位置、基础设施、内部环境、人口构成、职业分布、人员素质等内容。

过渡型社区要实现社区基本形态的转型，主要是实现从农村社区的

---

① 周一星：《城市地理学》（第二版），高等教育出版社 2009 年版。

基本形态转为城市社区的基本形态，具体体现为在城市化进程不断加快的推动下，社区的地理位置完全存在于城市区域，纳入城市社区范围；周边配套健全，居民生活更加方便，社区内部基础设施完善，更能满足居民的日常生活需求；社区内部环境整洁，物业管理更加规范；社区内人口全部是城市户籍人口或城市常住人口；社区成员和谐共存；大部分社区居民实现良好就业；等等。

总之，社区转型的第一步是实现社区外在基本要素的转型，这是实现其他方面更深层次转型的基础。

二、实现社区内在要素的转型

社区是人们生活的共同体，社区的首要功能是实现居民居住生活的功能，社区内在要素的转型必须渗透进社区公共生活中。因此，社区内在要素也要实现转型，主要包括居民生活方式、思想观念、社区认同、社区文化活动等方面，这也是衡量社区建设、社区发展和社区治理的必然路径。通过社区内在要素转型，促进社区居民公共社会方式和公共生活质量的提高，可以让社区居民更直接地体会到社区的归属感，更容易形成社区共同体，也更利于社区转型。过渡型社区要转型为城市社区，必须实现由农村生活方式到城市生活方式的转型。魏姝（2009）将"社区公共生活"定义为：在同一个社区生活的居民，在其社区内发生的、其个人和家庭生活范畴以外的生活。社区公共生活的实质是具有个体独立性的社区居民，基于对社区的归属感和认同感，通过公共对话和公共活动，关心、参与社区的公共事务。[①] 过渡型社区公共生活方式转型包含的内容非常广泛和复杂，笔者认为，社区内在要素的关键是居民思想观念和生活方式的转变，包括居民自身价值观念的转型，即具备城市社区

---

① 魏姝：《社区公共生活质量——中国城市社区发展目标的理论分析》，《江苏行政学院学报》，2009 年第 5 期。

生活的价值观，增强自身适应性；居民生活观念的转型，即具备城市社区生活的观念，具备公共意识；居民权利观念的转型，即具备自主意识和参与意识，明确自己的主体地位。

总之，思想观念的转型是让过渡型社区居民尽快具备城市生活的思想观念和价值意识等。当然，也必须清醒地认识到，只有实现思想观念的转型才能真正实现社区的转型，从而在城市社区公共生活中，自觉主动地参与转型、融入转型、促进转型、助推转型、实现转型。

三、实现社区治理模式的转型

过渡型社区内部人口构成、职业分布、价值观念等状况已经发生了改变，社区事务和治理目标在一定程度上挑战治理者的治理能力，所以，过渡型社区要实现向城市社区的转变，治理主体在治理方式上必须实现从农村社区的治理模式向城市社区治理模式的转型，包括治理主体、治理内容、治理手段、治理体系和治理能力的变革和转型。

首先，治理主体的转型，必须实现由村委会向居委会的顺利过渡，且居委会要承担起促进社区转型的主要任务，在居民观念引导、社区教育、帮助居民就业、加强社区团结、提升自治能力等方面发挥重要作用。集体经济组织必须配合社区居委会的工作，为增加居民收入、促进社区经济发展贡献力量，传统宗族等其他社会组织也要发挥各自优势，为社区治理形成补充力量，社区居民也必须为治理贡献每个人的力量。

其次，治理内容的转型，要从农村社区的治理内容转向城市社区的治理内容，加强社区稳定、社区教育、社区团结、社区自治等方面的职能，以适应城市社区主体多元化、矛盾多元化、需求多元化的特点。

最后，治理方式的转型，要从农村社区单一主体的行政命令式管理模式转变为城市社区多元主体的协商共治治理模式，最终实现社区自治的治理模式，治理模式的实现必须满足过渡型社区居民的特殊需求，以实现社区成功转型为最终目标。同时，还有治理手段、治理体系和治理能力的转型，这些都是伴随过渡型社区转型治理而必不可少的变革内容。

综上所述，本章内容主要是本书的开篇部分，起到开门见山、引入下文的作用。本书的核心内容和研究对象是对过渡型社区如何实现转型进行的有效治理。在了解过渡型社区产生的背景后，进一步分析其主要特征，明确过渡型社区在其特殊的产生背景和特征下，有着不同于其他社区的治理内容和治理目标，即实现社区转型为现代城市社区，这也是城市化的目标。因此，过渡型社区治理的目标是促进社区转型，转型成功必须依靠有效的治理实现。那么现阶段过渡型社区转型的效果如何？转型中遇到了哪些困境？该如何促进转型？这些都将成为过渡型社区治理的主要内容，也是本书接下来要深入讨论的重点。

3

第三章

过渡型社区治理的现状考察

为了保证研究的客观性和针对性，本章将采用个案研究的方法。即在调研银川过渡型社区整体情况后，按照一定的标准和依据确定了三个典型的过渡型社区，一方面，这三个社区符合本书的研究条件；另一方面，通过个案按照现状描述—找出问题—得出结论的深入分析后形成本书核心内容。因此，本章内容主要是以银川三个典型社区为例，对过渡型社区治理的现状情况进行综合考察。

第一节　基于银川典型过渡型社区的调查

一、案例选取的主要考虑

宁夏位于我国西北地区，银川是宁夏的首府，其城市化进程和经济发展水平较宁夏其他城市有突出的优势，传统农村聚居型社区的变化也比其他城市更为明显。银川有众多历史悠久、文化丰富的传统聚居型社区。在现代社会发展和城市化推进等多重因素的催生下，很多传统的聚居社区正在发生变化，演变成本书所要研究的过渡型社区，在社区特征、文化元素、治理格局和社区认同较以前均出现差异。因此，选择银川的此类过渡型社区进行研究，有助于发现传统社区在成为过渡型社区后，面临居住环境、生活方式、文化交融等多种改变时，该如何对此类社区进行有效的治理？进而为其他地方过渡型社区治理提供有价值的治理路径。

选择了调研的具体区域后，本书根据研究需要，主要选择银川三个典型的过渡型社区作为实地研究对象（文中将其分别记作 A 社区、B 社区和 C 社区）。这三个社区分别处在不同的转型阶段，在社区地理位置、人口构成、治理主体和治理状态等方面呈现一定的变迁历程，符合本书的研究设想和研究条件，即过渡型社区治理与转型阶段有关。这也是笔者在调研时的重要发现，过渡型社区的治理问题与其所处的转型阶段有很大的关系，过渡型社区在经历转型初期、转型中期到转型后期的过程中，随着时间的推移，其越接近城市社区的形态，治理模式和工作方式就越容易被居民接受，治理困境在一定程度上得到了缓解；不同转型阶段的过渡型社区，具备不同的社区特征、治理表现和治理困境。当然，以转型阶段的划分来研究过渡型社区治理问题，绝不意味着过渡型社区治理的问题可以随着转型阶段的推移而不复存在。本书通过这样的划分，更好地分析过渡型社区治理问题是每一个转型阶段中最具代表性和最为显著的问题，从而尽可能提出有针对性的、更好的治理对策。关于所选三个过渡型社区转型的阶段性特征，将在本章第三节中进行详细论证，厘清研究思路，奠定本书的研究基础。

笔者是银川人，居住在所选三个过渡型社区中的 C 社区，对过渡型社区的产生、发展、目前困境、未来演进等有自己的亲身经历和切实体会，且长期以来从学理角度对过渡型社区治理问题比较关注，具备参与式观察和访谈的条件，进行实地研究比较便利，能够确保调查研究的顺利进行。当然，笔者作为一名学术研究工作者，一定会以学术理性的态度深入研究，合理把握实地研究所获信息，保持价值中立，避免感情因素掺杂其中，影响研究的科学性和客观性。

因此，本书选择银川三个典型过渡型社区作为实地研究对象，按照不同的转型阶段分别进行个案研究，具备一定的代表性和典型性。当然，这并不是说案例本身具有典型性，而是案例的特征具有典型性，具备一定的学术价值和实用价值。同时，笔者具备实地调研、访谈和参与式观察的便利条件。

综上所述，笔者认为以银川三个典型社区作为研究对象，具备一定特殊性和典型性，将其深入研究和剖析后，可以为其他过渡型社区转型中的治理提供借鉴和反思。

二、所选案例的基本情况

银川位于宁夏中部，是首府城市，也是其政治、经济、文化和交通的中心。区划面积达到 9025.38 平方千米，建成区面积 166.84 平方千米。下辖兴庆区、金凤区、西夏区、永宁县、贺兰县和灵武市，共有 24 个街道办事处、20 个镇、6 个乡和 247 个社区居委会、281 个村民委员会。截至 2017 年末，全市总人口（常住人口）达 222.54 万，占宁夏总人口的比重达 32.64%，居全区五个地级市之首。其中，城镇人口 171.56 万，乡村人口 50.98 万，常住人口城镇化率 77.09%。[①] 笔者所要考察的 A、B、C 三个社区均位于银川市区内或市区边缘。随着城市化进程的不断推进，在银川金凤区内，由传统的农村社区转变而来的过渡型社区数量明显增加，本书不能穷尽所有的过渡型社区进行研究，而且研究数量和研究范围的增多会带来研究效果的降低。因此，根据研究需要，本书按照过渡型社区的地理位置变迁、人口构成变迁、主要治理主体变化、转型程度等指标选择 A、B、C 三个典型的过渡型社区进行个案研究，力求对个案进行深入分析，在无法做到广度情况下力争在深度上下功夫。

（一）A 社区简介

A 社区成立于 2015 年 5 月，社区拆迁安置的时间不长，处在由农村社区向城市社区转型的初级阶段。该社区前身是传统的村庄聚居型社区，因城市化加速和原地拆迁安置而位于城市与农村的交界处该社区尚有一部分村民仍是农民身份，土地也没有被全部征用或是住房不在拆迁规划范围内，因此该社区在治理主体上仍以村委会为主，实行传统的行政化

---

① 银川市政府门户网站，http://www.yinchuan.gov.cn/xxgk/bmxxgkml/stjj/xxgkml。

比较明显的管理模式。

社区隶属于银川兴庆区大新镇，位于银川市区东 4 千米，东起汉佐村，西至丽景街办事处，北起新渠稍村，南至大新村，社区占地面积 4.9 平方千米。社区常住居民约 4500 人，占总人口的 82%，外来人口占比较少。小学一所，配备教师 23 人，收纳学生 600 余人，其中，本社区儿童占 88%，外来务工人员子女占 12%；幼儿园一所，配备教师 35 人，收纳学生 200 余人；农民返还安置小区两处，占地面积 800 亩，基本解决了社区被征地、拆迁村民的安置问题。

（二）B 社区简介

B 社区成立于 2009 年 8 月，社区已度过拆迁安置的初始阶段，但还未转型为真正的城市社区，在治理主体上处于"村居共存"的状况。该社区位于银川金凤区，管理区域东起唐来渠，西至正源街，南起艾依河，北至宝湖路，辖区占地面积约 1.6 平方千米。辖区内有 5 个住宅小区（保伏桥村 A 区、保伏桥村 B 区、保伏桥村 C 区、宝湖福邸小区、宝湖经典小区），楼宇 78 栋，共 3045 户、9654 人，其中，外来人口 4521 人，占社区总人口的 47%。

主要的设施：2000 平方米的高标准新型办公会所，于 2009 年 10 月 1 日开始投入使用；党员活动室，也是多功能会议室；居家养老服务站；社区文化服务中心，与自治区图书馆联系建立了图书阅览室，现共有图书 5000 余册，图书室的建立为中、小学生和读书爱好者提供了方便的阅读场所；3800 平方米的新型文化活动场所，有塑胶篮球场、健身操场、羽毛球场、乒乓球场等活动场所。社区组建了秧歌队、篮球队、舞蹈队等 5 支文体队伍，经常参加上级部门组织的各种大型文体活动，极大地丰富了辖区群众的业余文化生活。为解决失地农民就业，社区为居民搭建就业平台，协调驻区单位——白云房地产公司出租营业房，制定优惠政策，建立了商业街。同时，社区依托多年来在建筑业、运输业方面的优势，在以前创业者的带领下，涌现出新的创业者 32 人，为保伏桥社区发展奠定了良好的基础。

（三）C 社区简介

C 社区成立于 2003 年 8 月，拆迁安置时间较长，已基本具备转型为城市社区的条件，在治理主体上实现以"居委会"为主，采用城市社区的治理模式。该社区地处银川金凤区，服务范围东起正源南街以西、长城中路以南、宝湖路以北、宁安大街以东，辖区占地面积 2.3 平方千米，是长城中路街道办事处管辖范围内最大的社区。辖区现有 12 个居民小区（长兴园小区、长兴花园 A 区、长兴花园 B 区、捷报家园、丽园南区三期、花样年华、东方尚都、紫檀水景、理想家园、长城花园西区、怡居雅苑、宝湖锦园），其中，长兴园小区、长兴花园 B 区、怡居雅苑为失地农民与外来人口混住的小区。社区现已入住 5522 户、14521 人，其中，本地人口 1690 户、4980 人，占社区总人口的 34%；外来人口 9347 人，占社区总人口的 68%。辖区内企事业单位 8 家，社区党总支下设 4 个功能型党支部，共有直管党员 112 人。

社区坚持"以人为本、服务居民"的原则，积极构建社区服务网络，努力提高居民生活质量。目前，社区建有劳动保障站、医疗卫生站、计生服务站、民事调解服务站、警务室、居民教育学校、社区多功能厅等服务场所，共同构成无偿或低偿的 20 多个服务项目，初步形成了具有长兴社区特色的"社区服务网络"。同时，成立社区志愿者服务队伍 7 支（文化队伍 1 支、党员志愿者队伍 1 支、治安巡逻队伍 1 支、青少年志愿者队伍 1 支、低保志愿者队伍 1 支、妇联志愿者队伍 1 支、科普志愿者队伍 1 支），有 140 余人，为居民提供多种形式的公益服务。

三、三个社区转型阶段的划分

由于过渡型社区的产生背景和演进历程相当复杂，国家和各地对过渡型社区治理的相关制度也并不明确，过渡型社区治理在地区之间和同地区之间都存在一定的差异性，并没有统一的标准和方式。比如，村委会到居委会的转变过程，没有明确的制度和标准，在转变程度、年限、人员安排等方面也不尽相同，有些甚至和集体经济组织存在严重的交叉，或者说就是集体经济组织，职能并不明确。在如此复杂、混乱的背景和现状下，笔者初步了解银川过渡型社区的基本情况后，发现了这样的规律：过渡型社区的转型呈现阶段性和过程性的特点，在地理位置、社区人口构成、治理主体、治理模式、转型程度、治理困境等方面，会随着过渡型社区形成时间的推移而有所不同。

　　因此，本书选择银川 A 社区、B 社区、C 社区作为个案研究对象，对其历史发展和转型进程进行详细梳理后发现，过渡型社区的治理并不能一概而论，也不能就现在论现在，而是必须将其置于整个转型过程中进行阶段性分析，还要和其治理目标——实现社区转型相结合。按照这样的思路，本书依据 A 社区、B 社区、C 社区的转型历程和转型内容等，根据一定的标准和依据将过渡型社区转型中的治理分为三个阶段，即转型初期的治理、转型中期的治理和转型后期的治理，并将三个转型阶段采用表 3-1 的标准和依据划分，以期更好地进行后续章节的分析。

表 3-1　宁夏银川市三个典型过渡型社区的治理概况

转型阶段 基本特征	转型初期 （A 社区）	转型中期 （B 社区）	转型后期 （C 社区）
社区位置	城市外围	城市边缘	城市内部
社区人口	原住居民为主	外来人口开始进入	多类型人口混居
主要治理载体	村委会	村居共存	居委会
社区治理模式	行政化	开始出现自治	自治逐渐成熟
社区治理状态	重管理，轻治理	有治理，较混乱	治理逐步有序
社区转型动力	外部作用为主	内外部作用兼有	内部作用为主

资料来源：笔者经调研后绘制。

第二节 银川过渡型社区的治理现状

社区治理是社会治理的重要组成部分，也是基层治理最重要的内容，更是体现治理效果最直接的载体。社区治理的内容是社区公共事务。公共事务一般指涉及社会公众的生活质量和共同利益的一系列活动，则以及这些活动的实际效果。所谓社区公共事务，在宏观上，凡是按照属地原则分担到社区，则以社区为单位去组织、协调、运作的公共事务就属于社区公共事务；在微观上，社区经济、社区教育、社区卫生、社区体育、社区文化以及社会福利、社会救济、社区治安、社区服务等都属于社区公共事务。过渡型社区治理在治理主体和治理内容上除了具有一般社区治理的共同特点外，还具有其自身的特殊性和复杂性。受本书篇幅和笔者能力的限制，不可能穷尽社区治理的所有内容，而且容易缺乏针对性。因此，本书将立足于过渡型社区的特殊性和复杂性，选择能代表过渡型社区治理主要特征的典型观测点去描述其治理现状。按照本书第二章对过渡型社区治理目标所要实现的三个方面的转型，笔者选择三个典型过渡型社区，在探讨治理现状时围绕其在社区外在要素、内在要素和治理模式的转型程度予以描述及分析。

一、社区基本情况

（一）外部特征

1. 地域特点

过渡型社区的地理位置随着城市化进程的加快和社区的发展呈现动态性特点。这种动态性是在对征地、拆迁安置社区采取原区域、原地址和原人口的原地安置方式的基础上，过渡型社区的地理位置随着社区形成的时间和发展阶段而呈现出的特点。

具体来说，一般在过渡型社区形成前，其地理位置位于城市之外，属于农村社区；在过渡型社区形成初期，社区位于城乡接合部地区或者是城市和农村的交界之处；随着城市的不断开发与扩建，在过渡型社区形成中期逐步进入城市范围内，到社区形成后期则全部纳入城市社区范围，进入城市之内，归属于城市社区建制。

本书调研的 A、B、C 三个社区的前身都是农村社区，经历了地理位置的变迁过程，从城市之外到城市边缘再到城市内部。

2. 硬件设施

过渡型社区是在地方政府强制拆迁、居民急需安置的背景下由传统村落被动、突然转变而来的社区中间形态。在这样的背景之下，大多数过渡型社区的楼宇建筑都是为了完成任务的快餐式、廉价的政绩工程，这使过渡型社区在社区环境、社区景观、社区绿化、房屋质量等硬件设施方面和成熟城市社区的商品房社区相差甚远。

笔者深入 A、B、C 三个社区通过直观感受以及与居民交流，可以明显感觉到社区房屋质量没有专门机构的监督和把关、社区房屋价值和城市商品房社区差距较大、社区景观缺乏合理设计、绿化面积不达标、水电暖设施质量不过关、社区缺乏健身器材、没有文化活动场地等多种硬件设施不合格或不健全的状态。也就是说，过渡型社区虽然匆忙解决了居民集中上楼的问题。暂且不提对居民生活长久性的担忧，就目前社区的硬件设施设备水平来讲，根本无法满足社区居民的基本生活需要，或者说很难达到和城市社区相当的水平，社区转型的难度和阻力不可小觑。

（二）内部特征

1. 人口特征

人口是社区主要的构成要素，是社区内部秩序的主要维持者，也是衡量社区内部秩序好坏的主要指标。笔者对银川三个典型过渡型社区的调研，发现过渡型社区的人口特征较为特殊和复杂，主要体现在人口构成、人口素质和人口观念等方面。

在人口构成上，过渡型社区是由传统的单一原住居民社区转变为现在原住居民和外来人口混居的社区形态，其人口构成较为复杂。社区内部原住居民均为本地安置的具有亲缘关系的群众，随着过渡型社区的形成和发展，加上人口的大量流动，社区内开始出现较多租住房屋的外来人口，与原住居民构成房屋租赁关系。在日常交往中，时常发生矛盾冲突和纠纷，外来人口对社区的归属感和认同感弱，导致管理任务重，难度大。

在人口素质上，过渡型社区居民整体素质偏低，由于具有特殊的人口构成，且原来城乡教育水平落差以及对教育重视程度的差异化等原因，过渡型社区原籍居民的文化程度普遍不高。虽然近年来随着人们思想观念的转变，居民素质得到了一定程度的提升，但总体看还是偏低的，与城市社区相比还是存在差距。外来流动人口多为进城务工人员，整体素质不高。

在人口观念上，过渡型社区处在由农村变为城市的转型阶段，农民的身份已经转为城市居民，但由于长期农村工作方式和生活习性的熏陶，社区居民仍保留较浓的农村意识，社区干部、社区居民的认识感基本上仍停留在原来的行政村，这样的状况并不随着社区的发展而有所改变。如不少原村民仍习惯性地称呼居委会主任为"村长"，称社区为"我们村"，甚至连社区干部在工作中也仍然会说"村委会"。更为明显的是，笔者在调研时发现，B社区居委会办公场所内部仍然张贴着村委会的工作规程和相关制度。由于观念的相对封闭和滞后，社区的干部队伍也对当前社区的发展和自治不适应。同时，非理性的传统落后的小农意识还普遍存在。如在社区干部的选举中，本地、本家族的人占有很大优势，外地、外来人口很难当选。另外，笔者通过对三个典型的过渡型社区调研获知，过渡型社区居民大多拥有一定的拆迁安置费用和房租收入，加上本身没有就业技能，居民大多不去外出工作，多在小区内部活动，闲暇时间较多且都被聊天、棋牌等娱乐活动代替，这在城市社区很少见到。

有人也称过渡型社区居民为新型的"食利阶层"，坐吃山空的状态已成为普遍现象，令人担忧。

2. 内部秩序

社区内部秩序是衡量社区基本情况和发展状况的主要因素，社区内部秩序的安全、和谐、稳定、团结、可持续等是现代社区必备的要素。由于过渡型社区特殊的人口构成、较低的人口素质、社区安全屏障不健全、治理主体衔接不顺畅、职责分工不明确等原因，使得过渡型社区内部秩序并不尽如人意。根据笔者的实地调研，过渡型社区整体秩序较为混乱，社区安全状况堪忧，社区不稳定因素较多。

社区整体秩序较为混乱。综合考察三个社区的基本情况，按照当地政府的要求，过渡型社区同多数城市社区一样都在打造"平安、和谐、团结、稳定"社区，社区里到处可以看到诸如此类的宣传标语，社区开展的多项活动也是为了实现这些目的。但由于过渡型社区的特殊性，社区内部依然可见比较明显的破坏社区公共秩序事件，如社区公共绿地被占用，社区公共停车位私自进行占用并上锁甚至发生争抢，社区公共设施大量损坏，社区内部秩序并不尽如人意，有看似平静实则混乱的感觉。笔者深入 C 社区发现，社区大量公共草坪被居民种葱种菜、晾晒衣物、私设停车位等行为占用，社区内仅有的健身器材已被不同程度损坏，楼的单元防盗门也早已失去防盗效果而经常敞开，社区环境整体脏、乱、差。

社区安全状况堪忧。过渡型社区地理位置大多位于城市边缘或偏离城市中心，社区内部外来人口众多，社区物业服务水平不高，导致社区治安情况较差，且过渡型社区居民缺乏安全意识和"花钱买服务"意识，拒交物业费，物业公司经常更换，治安状况堪忧，偷盗案件频发，成为犯罪分子的作案集中区、传销组织的集聚点。另外，房屋租赁中的合同安全管理也是社区居民最易忽视的问题，房主缺乏签订合同的意识，房屋租赁较为随意，常常引发房屋租赁纠纷事件，威胁社区公共安全。当然，也有社区居民选择通过房产中介协助租房，但其中产生的费用纠纷和安全隐患也让过渡型社区居民非常头疼。

社区不稳定因素较多。过渡型社区多具有本地人和外来人员混居、杂居的特点，原住居民与外来人口在生活环境、生活习惯、心理认同、文化素养等方面会有一定的差异，特殊的形成背景和社区构成，使得社区不稳定因素较多，维稳任务艰巨。在笔者的实地调研过程中，从 A、B、C 三个社区综合看，过渡型社区的不稳定因素主要集中在以下几个层面：

首先，社区融入方面呈现出的不稳定因素。对于原住居民来说，长期对社区无认同感和归属感，制度上的衔接不畅和区别对待，使得社区融入出现障碍；对外来人口而言，若不是因为此类社区比城市社区房租费用较为便宜，他们也不愿意选在过渡型社区生活。原住居民与外来人口之间的房屋租赁关系难以成为社区融合的主要纽带和途径。

其次，社区居民利益诉求不畅导致的群体性事件影响社区的稳定与和谐。例如，在 C 社区，由于拆迁安置的历史遗留问题和安置房产的产权问题，社区集体经济组织尽力为居民争取保障，但仍然解决不了居民的实际需求，所以社区居民曾多次集结起来向相关部门反映，最终都无果告终，但这一诉求从未消除。

最后，城乡文化差异导致的文化冲突在一定程度上威胁着社区稳定氛围的形成，这在三个社区均有体现。

二、主要治理主体

治理主体多元化是治理理论的核心内容，过渡型社区是一个包括政府组织在内、多方力量共同参与治理的场所，因此在探讨其治理现状时必须梳理其主要的治理主体及其职能分工。根据笔者对银川三个典型社区进行的实地调研获知，过渡型社区的治理主体主要有社区党政组织、社区自治组织、集体经济组织、社区服务组织和社区居民五类。

第一类，社区党政组织主要指社区党组织和街道办事处，党组织是社区的领导核心、决策机构，在社区的经济发展中起主导作用。

第二类，社区自治组织主要指社区居民委员会。居委会是行政和社会事务的管理机构，负责民政、治安保卫、民事纠纷、文教卫生、计划生育等社会管理任务。

第三类，集体经济组织是在征地过程中为保护农民合法权益而成立的集体资产的经营性组织，集体资产的范围包括资源性资产（土地）、经营性资产（厂房、商铺）和非经营性资产（办公、文化、体育场所设施）。集体经济组织主要负责社区的经济发展等事务，是社区经济运行的核心，同时也为各项行政和社会事务提供财力支持，而且其重要性日益凸显。

第四类，社区服务组织主要包括社区非营利组织和物业管理公司。非营利组织是居住在社区后人们自发形成的社区内部诸如文化娱乐组织、志愿服务组织、社区治安队伍等，物业管理公司则负责社区基础设施设备和场地维修与保护。

第五类，社区居民是最主要也极易被忽略的治理主体，随着过渡型社区的不断发展和成熟，一些过渡型社区居民的公共参与意识不断增强，在一定程度上参与了社区治理。为了体现出过渡型社区治理主体的变迁性和过渡性，本书对上述几类治理主体做了如下划分：

（一）原有治理主体

在进入城市之前，村委会是过渡型社区主要的治理主体。失地、拆迁安置后，原有治理主体——村委会依然在过渡型社区治理中起主要作用，即使后期村委会被居委会所取代，但依然对居民有一定的影响作用。根据笔者对三个典型过渡型社区的调研，村委会对过渡型社区的治理并不随着村委会的撤销而消失。相反，村委会的治理作用一直存在，主要通过两种方式实现。一方面，工作人员渗透到集体经济组织中，与集体经济组织融为一体对社区治理发挥作用；另一方面工作人员参与到新设的居委会内部，对过渡型社区发挥治理效果。当然，村委会成员大部分也都是本社区的原住居民，与社区居民有一定的天然联系，与居民的交往和接触具有较大优势，即使村委会机构撤销，失去治理功能，其原有组成人员也会间接对居民产生影响，有一定的治理效果。

（二）新增治理主体

随着过渡型社区进入城市内部，需要按照城市社区的管理模式进行社区管理，因此，过渡型社区在原有治理主体的基础上出现新增治理主体，包括社区党组织、居委会和集体经济组织。党组织是社区的领导核心、决策机构，在社区的经济发展中起主导作用。居委会是社区行政和社会事务的管理机构，负责民政、治安保卫、民事纠纷、文教卫生、计划生育等社会管理任务。集体经济组织主要是在征地拆迁后负责经营社区集体性资产（包括遗留公共土地、公共营业房租赁、集体投资等），负责社区的经济发展等事务，是社区经济运行的核心，同时为各项行政和社会事务提供财力支持，由于其关乎社区居民的经济利益，居民对集体经济组织有一定的依赖性和信任度，使其在社区治理中的重要性日益凸显。

（三）其他治理主体

由于过渡型社区已在城市区域范围内，所以其治理方式已经开始向城市社区治理转变，工作方式越来越接近城市社区。因此，较之以前的农村社区，过渡型社区的治理主体中出现了物业公司、社会组织等。物业公司主要对社区内部的物业实行专业化管理，为居民营造安定、有序的社区环境，对社区也发挥着一定的治理作用。社会组织是现今走进社区承担治理功能的又一新兴主体，通过社会力量的介入，帮助居民解决一些政府难以解决的问题，承担治理的补充力量。

作为由传统农村聚居型社区转变而来的过渡型社区，其传统家族力量也在一定程度上参与或影响着社区治理。比如，在笔者调研的三个社区中，传统家族力量在矛盾化解、维护社区稳定等方面都发挥着积极作用。同时，随着过渡型社区居民生活环境发生改变，居民参与意识不断提升，诉求反映日益增强，具有一定的自治色彩，也逐步成长为社区主要的治理主体。在笔者选择的三个典型过渡型社区以及银川其他过渡型社区中，大多没有城市社区中的业委会这一治理主体，这和城市社区存在一定的区别。

三、公共服务的供给情况

公共服务的有效供给是社区治理的主要任务，是治理主体的主要职能，也是社区居民最能真切体会到的治理效果。只有为过渡型社区提供与城市社区均等、同质、持续的公共服务，并能满足过渡型社区居民的特殊需求，才能提高过渡型社区居民的满意度和归属感，才能缩小过渡型社区与城市社区的距离，才能促进社区转型，最终实现真正的城市化。

社区公共服务指以社区为单元，由专业性组织提供的服务型公共产品的组合，是政府安排，各类社会组织提供的用以满足社区居民公共需求的服务类公益产品。[1]

从责任主体看，社区公共服务可分为三类：

第一类是特定人群服务，即由特定公共服务组织针对社区特定人群（育龄妇女、下岗职工、离退休人员、外来人口、低保户、特困户、残疾人等）提供的社会服务。

第二类是市政服务，即由政府和各类公共事业部门所提供的公共服

---

[1]　邱梦华：《城市社区治理》，清华大学出版社 2013 年版。

务，如公共教育、医疗保健、邮政投递、通信网络、公共交通、有线电视、供电、供水、供气等服务与收费活动。

第三类是物业服务，指商品房住宅小区的物业服务企业提供的服务事务。如小区居民房屋建筑共用部位的维修、养护和管理，小区共用设施维修、养护和管理，小区内绿化和卫生清洁，小区活动设施管理、维修和养护，小区内部安全保卫，与物权有关的工程图纸、住户档案、竣工验收等档案资料的保管和维护等。

过渡型社区居民多为失地农民，生活过渡到城市社区后，受多重因素的影响和制约，其社区公共产品短缺，公共服务供给水平不高、与城市社区相比供给严重失衡。在教育服务供给上，幼儿教育、义务教育、职业教育供给不足；医疗服务供给上，没有实现农村医疗服务供给到城市医疗服务供给的有效衔接；养老服务供给上，受居民养老观念的影响和相关制度、政策的不完善，养老服务尚处于空白；文化服务供给上，社区内缺乏文化设施和文化活动场所，文化活动不多且并不能真正满足居民的文化需求；就业服务供给上，缺乏相关的就业技能培训和就业途径拓展，居民受自身文化素质和就业能力的限制，就业层次较低，缺乏稳定性，存在生计困难；公共安全服务供给上，由于社区人员复杂、矛盾冲突较多、社区安保层次不高，安全状况堪忧，各种威胁社区公共安全的状况时有发生。

四、居民参与情况

社区居民是社区参与的主体。社区居民参与指社区居民采取多种方式对社区事务施加一定影响的活动。社区居民参与程度的高低，一定程度上反映了社区发展的成熟程度，也是过渡型社区是否转型成功的主要标尺。过渡型社区居民主要由被动接受失地、拆迁安置的农民和外来流动人口构成，还未真正转变为成熟的城市社区。外来流动人口对社区几乎没有任何归属感，更无参与可言。而社区原住居民由于自身参与意识不强，参与能力欠缺，参与主体有限等原因，过渡型社区居民参与状况并不尽如人意。

首先，就参与意识来讲，过渡型社区居民的社区公共参与意识还比较淡薄，思维还没有转换，对"社区"这一组织还缺乏全面的认识，对"居委会""物业公司"等组织还缺乏信任，他们虽然生活在社区，但却没有意识到自己是社区建设和社区治理的主体，没有意识到自己也应该对社区的建设与治理尽一份责任和义务，甚至有人仍然坚信社区建设与社区治理完全是政府的事，和自己无关。由于有拆迁安置或征地费用的支持以及房屋出租的收入，大部分过渡型社区居民缺乏上进意识，安于现状，认为自己的生活已无任何忧虑，不愿融入社区生活，更无心关注社区建设和社区治理。

其次，就参与能力来讲，过渡型社区居民大多文化水平较低，缺乏参与的途径，参与能力受限，这些影响着参与的整体效果。参与能力包括居民获取和理解信息的能力、社会交往的能力、分析问题的能力和判断是非的能力等。参与能力的限制导致居民参与呈现"无效参与""部分参与""被动参与"的特点。再加上过渡型社区居民处在对原有生活的转变期和对现有生活的适应期，对公共事务的关注程度普遍较低，一定程度上影响着过渡型社区居民参与效果。

最后，就参与主体来讲，在过渡型社区，中青年居民由于自身参与能力的欠缺和参与意识的淡薄，很少参与社区活动。老年居民对原有村落存在浓厚的乡土情结，对现有社区的欠缺归属感，大多不愿意参与社区活动。因此，过渡型社区居民社区参与主体有限，参与氛围并不浓厚且参与热情较难调动。当然，社区治理主体在过渡型社区缺乏宣传教育，与居民互动环节和内容匮乏、居民社区参与的渠道不畅等，也是造成过渡型社区居民公众参与弱化的又一主要原因。

第三节　银川过渡型社区
治理现状考察的启示

一、过渡型社区治理存在特殊性

根据对银川三个典型过渡型社区的调研，笔者发现，过渡型社区治理存在一定的特殊性，不管是治理目标、治理主体、治理方式，还是治理内容，都存在特殊性，这种特殊性是农村社区治理和城市社区治理并不具备的，也是过渡型社区实现转型的关键内容。只有把握特殊性，才能找准转型的切入点和突破口。因此，本书通过对过渡型社区治理的现实考察，发现其与农村社区治理、城市社区治理存在差异性，这种差异性导致过渡型社区治理具有特殊性。

过渡型社区治理与农村社区治理的差异性。过渡型社区在社区基础建设、居民人口结构、就业结构等方面与农村社区已有明显不同。在社区治理的主要任务上，现有大部分农村社区基本上仍然保持着村委会管理模式和方法，管理方式上采用传统的单一主体、命令式管理，管理内容上以农业生产、集体土地资产等事务为主。但过渡型社区治理的主要内容是实现社区顺利转型为城市社区，因此随着城市化的发展，增加了很多新的治理任务，如流动人口管理、卫生工作管理、社会保障工作等。且治理主体出现多元化的趋势，治理方式最终走向互动协同的特点。

过渡型社区治理与城市社区治理的差异性。过渡型社区与城市社区相比本身存在房屋产权、社区环境、人口素质、公共服务供给与社会保障水平等方面的差异。在社区治理方面也存在差异性，在一般城市社区，居委会主要进行社区服务和公共事务的管理，干部编制由上级政府核定，干部工资和公用经费由财政保障，治安、城管、社保、环卫等城市管理职能下放社区，且得到充分行使。在过渡型社区，虽然实行了"村改居"，但在社区安置初期和中期，社区居委会干部基本上是原村干部，工作模式和思维方式转变难，仍沿用农村管理体制。此外，社区公用经费主要靠集体资产经营等收入，上级转移支付很少，干部待遇方面上级财政没有保障，也难以吸引人才进入社区管理。城市化带来城管、环卫、治安、社区维稳等大量的行政管理职能，过渡型社区管理人员的能力和经费却没有保障。往往是集体经济实力雄厚，就管理得好一些，若集体收入少，则管理职能的行使很难到位。总体来说，过渡型社区组织种类不如城市社区完善，组织的构成不如城市社区复杂，运用法律法规及相关规章制度控制社区，整合人际关系交往的能力也不如城市社区。

过渡性社区治理的特殊性。笔者从银川三个典型过渡型社区中发现，过渡型社区治理与城市社区治理、农村社区治理相比存在一定的特殊性，除了社区本身属性的特殊性，还具备治理主体的特殊性、治理环境的特殊性和治理内容的特殊性。治理主体的特殊性指过渡型社区治理主体不明确且处在衔接不畅阶段，或者说主体众多却缺乏明确分工，呈现"多而散""多而乱""多而无"的特点。治理环境的特殊性指过渡型社区面临的治理环境复杂，缺乏制度保障。治理内容的特殊性指过渡型社区承担的治理任务艰巨，治理要实现社区转型这一目标，在特殊的治理主体和治理环境下还有很大难度。

二、过渡型社区不同转型阶段的治理差异

根据典型社区的实地调研发现，三个社区都属于本书所研究的过渡型社区，符合过渡型社区的条件。虽然它们在整体上的治理特点和治理困境等有类似之处，但却存在阶段性差异，这种差异与其所处的转型阶段有关。按照笔者前文的分析和研究发现，过渡型社区转型阶段的不同，其社区特征、居民心理状况、治理表现、面临的主要治理困境、实现的

阶段性治理目标也不同，这为本书接下来的研究提供了思路。

在转型初期，社区的主要特征是从农村到城市的突然转变带来的生活不适和传统与现代的激烈碰撞，在这样的社区特征中，带来的主要治理困境是治理方式及各项制度的衔接不畅，导致了"治理缺失"状态，或者说仍然是一种"管理"状态，那么此阶段主要实现的治理目标是消除不适，化解矛盾，完成制度、政策、主体等的顺畅衔接。

在转型中期，社区的主要特征是城市社区的文化元素逐渐渗透进来，居民开始出现被动式参与，村委会和居委会实现完整过渡，但新的治理困境也在不断出现，传统治理主体和新增治理主体之间的关系并未理顺，居民长久的就业生计问题逐步暴露且不容忽视，因此这个阶段出现了"治理无序"状态，需要实现的目标是促进治理主体之间的有效合作，与社区居民加强互动，了解居民的实际需求，解决居民的就业生计问题。

在转型后期，过渡型社区处在社区转型的关键时期，社区治理也要有的放矢，避免出现前功尽弃的问题。这一阶段，居民在转型初期和中期的城市生活不适感已基本消除，社区融入有所改善，社区建设和城市社区的差距逐步缩小，居民的思想观念有所转变，基本具备了转型为城市社区的条件，但这一时期的治理困境是治理主体之间协同治理的效果仍然欠佳，居民的就业生计问题暴露出新的特点，出现了"治理不力"状态。因此，转型后期的主要治理目标是实现以居民自治为主要治理方式，其他治理主体协同治理的治理模式，彻底解决居民的就业生计问题，平稳度过过渡阶段，实现社区的顺利转型。

按照以上实地研究的发现和笔者的分析，本书将在第四章、第五章、第六章着重讨论过渡型社区治理转型初期的治理、转型中期的治理和转型后期的治理，在每个转型阶段选择阶段性特征、治理表现和治理困境三个重要维度，结合访谈内容，进行深度剖析。

综上所述，本章在对银川三个典型的从传统聚居型农村社区转变而来的过渡型社区进行现状调查和分析后，进一步明确了过渡型社区治理的目标是实现社区转型为成熟的城市社区，其和城市社区的治理目标、农村社区的治理目标有明显不同。为了实现这一目标，必须重视过渡型社区的特殊性和治理的特殊性，分不同的转型阶段对过渡型社区的治理困境进行针对性的深入剖析，并提出有针对性的、完善的治理策略。接下来，本书主要根据过渡型社区的现状考察，在不同的转型阶段分析治理困境、提出治理策略，以期为过渡型社区实现顺利转型提供参考。

第四章

4

过渡型社区转型初期的治理

在征地拆迁安置初期，过渡型社区刚从农村村庄转变而来（一般在被拆迁农村就地，或就近建设安置小区），居民的居住地由村庄变为安置社区，居所由农村院落变成了城市楼房，身份由以种地为生的农民转变为无地可种的征地拆迁安置人员，从传统的农村生活转变为城市生活，但在安置初期仅实现了居住设施、环境和生活条件等社区外在要素的改变。这类社区一般处在城市郊区、"城中村"或开发区、工业园区旁，大多由快速城市化背景下政府强制征地拆迁催生而来，它的形成具有一定的被动性、突然性和不可逆性。既然有此类背景，那么过渡型社区及其居民在这个时期最为明显的变化是，城乡两种生活环境和生活方式的变化，进而导致的生活习惯、价值观念、公共服务水平等因素的变化乃至不适与冲突。因此，如何在这种城市与农村、传统与现代的文化冲突和不适中寻求平衡、融合并完成调适，是转型初期阶段过渡型社区治理的主要目标。本章以 A 社区为案例，结合笔者对重点访谈对象的访谈内容展开分析。

第一节　转型初期的主要特征

过渡型社区居民对原有的文化传统、生活方式、风俗习惯、道德规范、治理环境等存在依赖性，仍然保持长期根植于传统农村社区的小农意识、乡土观念、血缘观念等，对原有村庄具有很强的认同感和归属感，而对新组建的社区产生较大的迷茫、不适甚至是排斥，具体表现为：一方面，原住居民很难适应社区生活；另一方面，外来人口也很难融入此类社区。这都对社区治理产生了很大的阻力作用，也隐藏着一些隐患和危险。这是传统农村生活方式与现代城市生活方式的碰撞，也是较为落后的农耕文明与较为先进的城市文明的碰撞，更是比较单纯的农村公共事务管理制度与相对多元的城市社区治理治理的碰撞。这也是我们首先要面对的过渡型社区转型中的治理问题。

一、农村聚居形态的突变

进入安置小区（城市社区）后，由于传统农村聚居社区的血缘、亲缘、地缘等纽带关系被迫发生"断裂"，或者说居民对原有纽带关系存在很强的依赖，而新的纽带关系未能快速建立，使新成立的过渡型社区缺乏联结的纽带和共同的社会关系网络。尽管很多过渡型社区采取原村庄人口、集中安置的方式，基本保持了传统农村村庄人口的基本构成，但由于生活环境和生活方式的改变，传统的纽带关系已无法适应城市社区，不能发挥出原来的作用和效果。这些突如其来的变化在笔者对 A 社区的调研中体现得非常明显。据 A 社区居民反映，以前在农村时，周围的邻居都是当地人且都是亲戚，关系都很亲密，互帮互助。搬离农村后，这种亲密的邻里关系受到了影响，相互之间不再像以前那样没有隔阂，产生了一定的距离感。比如，在农村社区中，村民有事去村部（村委会）找村干部商量，村部一般都在村庄的中心区域。拆迁安置后，旧的村部一般会拆除，新的村部的办公场所既可能搬迁到安置小区内，也可能在安置小区之外，不再像以前农村时那样方便，这对居民心理和感情上有一定的影响。另外，传统的农村血缘关系因为安置后财产和房产等经济利益的争夺而遭到破坏，家庭和谐氛围不如在农村时，利益纠纷取代了传统家庭的共生关系。

访谈对象 A 社区居民 LJY（男，75 岁）表示，我家里有六个儿子，我们一直生活在这一带，从土房到砖房再到现在的楼房。以前在农村时我们一家人很幸福，儿子都很孝顺，人们都羡慕我。可政府征地了，又拆迁了，那时候也不懂，觉得像城市人那样住进楼房也挺好，也没想那么多。就这样，我们一家分了些房子，在别人看来，我们家里地多分的房子多，可是，儿子多可让我犯了难，安置的房子根本不够分，为这事开了好几次家庭会议都吵得不行，定不下来。儿子们之间有了矛盾，对我们也有了意见，我们做老人的也很为难，现在他们也都不来看我们，我们想见孙子也见不着。虽然住进了楼房，可孩子们都不来，也没个地方去，感觉挺孤单的。回想起以前种地、住在农村的生活，家人之间都很和睦，还真是怀念过去。[1]

二、原有熟人社会的瓦解

如费孝通先生所言，中国的农村社会是一个"差序格局"的熟人社会，人们之间的关系很简单、很纯粹。尤其在传统农村社区，大多为单一类型居民的聚居区，有传统的大家族、大姓氏的特点，各姓氏、家族之间通过联姻、干亲、结拜等方式又产生了"亲上加亲"的效果，使农村氛围轻松和谐，具有共同的认同基础，成员之间没有任何距离感和陌生感。

以前住在农村时，居民主要以务农为主要经济来源，征地拆迁安置后，有些人一夜之间分到了数套楼房甚至有些人口多的大家庭分到了10多套楼房，有些人却只分到了几套。相比之下，贫富差距突然拉大，这对原来的邻里关系有很大的冲击，居民家庭之间不再像以前那样亲切，由于突然之间的差距导致关系疏远，熟人社会关系的感情纽带猛然间被撕裂。

随着政府强制拆迁的快速推行，大批的农村社区被动转入城市社区，形成"亦城亦乡"的过渡型社区，采用本地人与外来人口混居模式，以前的熟人社会进入了大量的陌生人群体，只是形成房屋租赁关系，原有居民与外来租客只有"收房租"的经济往来，没有邻里互助，大家各自生活，

---

[1] 本书所使用的访谈内容均为笔者与受访对象用方言交流后在不改变受访者原意的基础上提炼整理而成，下同。

生活节奏也被打乱，熟人社会逐渐遭到破坏，社区内充满了陌生和冷漠。

访谈对象 A 社区居民 MWR（男，65 岁）表示，我们原来的村庄是几个大姓，主要有柳家和马家两大家族，柳家和马家又来自一个祖太爷，所以几乎每家之间都有亲戚关系，邻里之间相处了几十年甚至上百年，祖祖辈辈都熟悉，可以说知根知底，彼此都很了解，村中各家之间往来比较频繁。被征地拆迁安置后，尽管大家房子比以前多了，但邻里之间生疏了，与住进来的外来人员更不可能熟悉。原来的老邻居分散居住，上下楼也不方便，很麻烦，不再像村庄时大门常开，闲了可以随时串门、闲聊、拉家常，觉得大家之间比以前明显陌生了很多。特别是小区里住进了很多租房居住的人，他们或者做生意，或者读书上学，或者上班打工，都是来去匆匆，除了来看房，平时交房租，偶尔屋里的水电等有问题了找我们房东，其他时间都不见面，更不可能交流沟通了，彼此根本不了解。

三、生活习惯的反差

突然从传统的以种地为生的农村生活转入到现在的依靠拆迁补偿费用为主要生活来源的城市生活，居民出现了强烈的不适感。城市的高楼大厦、封闭的居住环境、快节奏的生活，这些都与农村舒适安逸的田园生活形成巨大反差。由于传统生活习俗元素影响的根深蒂固，在这个时期，居民很多生活习惯还保留着农村生活的特点，对城市社区生活毫无归属感，甚至一直认为自己仍然是"农村人"，去购物也仍然称为"走城"[①]。笔者走访发现，处在转型初期的过渡型社区居民在开始步入城市生活的过程中，没有锁门的习惯，喜欢坐在外面聊家长里短，也没有缴纳物业费和停车费的意识，社区公共绿地被用来栽种蔬菜，晾晒衣物，将农用工具搬上楼房等，这些都是未适应城市生活方式的体现。另外有，

---

① 当地农村方言，意为去城里逛街、购物。

一些红白喜事仍然在小区里举行，与城市生活非常不协调，与城市社区氛围格格不入，对社区公共环境的破坏和社区秩序的稳定和谐也存在很大影响。笔者进一步发现，由于社区内部大多是当地居民，他们没有意识到这些行为的不合理之处，且相关治理主体也对这种现象视而不见或者说力不从心。可是，租住在社区里的外来人口却对这些现象怨言满腹，甚至很多人并不喜欢租住在这样的社区里，而且，这样的生活、行为方式碰撞也为以后的社区内部矛盾埋下了隐患的种子。

访谈对象 A 社区居民 LMS（女，55 岁）表示，我现在住的社区已经随着城市的扩大成了城里，这里的生活习惯和原来农村有很大的区别。比如，以前不存在停车位的问题，以前也没车，买不起车，即使有车也是随便停，停自己家门口或是邻居家门口都没有问题。现在不一样了，家家都有钱了，都买了车，没事干就开车出去转转，但存在停车位的问题。这和以前农村根本不一样，你家如果没有停车位，就没地方停，别人家的停车位即使有多余的、空闲的，其他人的车也不能随便去停。因为停车要交停车费，这在城里就是天经地义的事。就说这些停车位，当初刚住进这个新安置的小区时，很多人还没有意识到停车位的事，后来个别人先知先觉开始抢占停车位，其他人也闻风跟进，争相抢占。就为这，很多人之间闹争执，甚至吵架、动粗，真是很不应该。所以说，现在的生活和以前有很大的不一样，感觉人的思想都变了，只认钱。

第二节　转型初期的治理表现

一、村委会处于强势地位

安置初期的过渡型社区，村委会成员基本上还是原班人马，这些人在原来的农村形成了比较广泛的群众基础、工作威信，积累了丰富人脉，获得了上级政府的充分信任，特别是在声势浩大、利益盘根错节、矛盾纠纷复杂的征地拆迁过程中，这些人由于处于承上启下的关键环节，既要做好群众的解释沟通和动员组织工作，又要很好地贯彻执行上级党委政府的部署要求，有力推进征地拆迁和补偿安置工作，因此，村委会形成了很强的动员力、号召力、执行力，行政化特征比较明显，在社区的各项事务中处于强势地位，基本上不会有太强的阻力。这是转型初期过渡型社区治理中最明显的一个特征，笔者在 A 社区走访调研时明显感觉到这一点。村委会处于强势地位的具体形式是，保留村委会这一治理载体，工作制度、工作方式、工作内容等方面和传统农村社区并不存在明显的不同，且村干部通过兼任集体经济组织主要工作人员的方式，既是"村主任"，也是"公司经理"；既是"村干部"，也是"公司主要成员"，对社区经济发展、社区公共事务治理等方面具有很强的渗透、统领和决定作用。

当然，村委会在转型初期的强势地位还源于社区居民的角色认知，一方面，社区居民对村委会的角色认知，居民对村委会存在长久性的依赖，在突如其来的陌生环境里，这种依赖感很难很快消除；另一方面，居民对自身的角色认知，一直将自身定位于村委会的管理对象，即使住进城里，却依然不愿意改变传统的治理客体角色。因此，村委会在这一阶段的强势地位有其存在的根源，也具备特定的现实基础和群众基础，也在一定程度上有其存在的必要性。

二、原有管理模式的路径依赖

过渡型社区在转型初期的治理事务和传统的农村社区相比，呈现一定的复杂性和多样性。

一方面，管理对象的数量和类型明显增多。除了要对原村居民进行管理，还要对社区外来人口进行管理，居民的文化、职业、素质等差异更大，这大大增加了过渡型社区村委会的管理任务、管理成本和管理难度。

另一方面，管理的事务范畴和工作任务更加复杂繁重。除了要对原农村遗留经济发展和社会事务进行管理，还要对城市发展和社会事务进行管理。也就是说，除了承担村集体经济发展、计划生育、社会治安、民政优抚等农村工作，还要承担由城市化带来的城管创建、建设环境优化、失地农民就业、社会保障、矛盾纠纷调解化解等工作，使过渡型社区村委会面临很大的管理压力和责任。

但是，过渡型社区在转型初期，居民、村委会和上级政府都存在传统的惯性思维和定式思维，对这类社区的管理依然采用农村社区的管理体制，从观念到组织到人员再到管理方式都仍然沿用过去的管理模式。再加上治理能力、经费、制度等方面的制约，在实际工作中很多管理很难到位，无法适应城市社区的发展，也由此产生很多矛盾，给社区治理带来很大困境。这种对传统管理模式的路径依赖所产生的根源主要是治理理念、治理能力、治理制度和治理环境等方面的限制。理念上还未转变思想，缺乏从农村管理体制向城市管理体制的思想基础；治理能力上还未实现创新，缺乏对城市社区公共事务治理的能力素质；治理制度上还未完善健全，缺乏社区转型和城市社区治理的制度保障；治理环境上还未形成规模，缺乏社区治理和社区自治环境。

三、社区转型动力以外部为主

本书认为，过渡型社区转型为城市社区必须实现社区内部和外部的双重转型，除了实现社区"硬件"的转型，还要实现社区"软件"的转型，无论是何种形式的转型，也终究以居民自身的转型为真正实现转型的标尺和落脚点。处在转型初期的过渡型社区，在居住环境、生活条件、社区设施设备等社区外在因素上实现了城市化带来的被动转型，在社区内部因素的转型上也依然主要依靠外部力量，内部力量几乎很少发挥作用。

根据 A 社区的整体情况，由于社区居民基本上来自城郊农村或城中村的失地农民，安置到新成立社区，居民的生活方式、生活习惯基本上都是延续以前，对社区是否需要设置卫生医疗站，物业费是否需要收取，如何收取，应当聘请什么样的物业公司，社区内的中小学、幼儿园往该如何进行规划和建设，居民社会保障和就业生计等问题如何实现，诸如此类的很多公共事务基本都是村委会与上级政府沟通，上级政府通过村委会来确定。这一阶段，居民并不直接与政府部门就社区公共事务进行沟通，或者是通过自身力量来进行改变、适应城市社区。因此，居民参与社区公共事务治理的被动性、盲目性和局限性比较明显。推动社区公共事务的动力主要是外部力量，并不是由居民首先提出或者按照大多数居民的集体意图来实施。

第三节　转型初期的治理困境

一、治理主体的角色尚不明确

治理理论的核心要义是多元主体参与，实现互动协商式治理。在过渡型社区转型初期，社区形成的时间较短，社区属性、治理主体、治理方式等尚处于模糊阶段。主要体现在以下几个方面：

村委会角色的模糊。进入城市社区后，应该采用城市社区的治理方式，成立新型的治理主体，使村委会向居委会转变，但这种转变在两种治理方式交叉的阶段还不具备转变的基本条件和现实基础，因此，并没有或是很难实现实质性的转变，仍然采用村委会的管理模式。然而，进入城市社区后，各项管理事务和治理手段等与农村社区有很大的差异，村委会的治理水平和治理能力已经完全无法适应突然改变的治理环境，村委会对社区的治理效果并不理想。

政府的责任缺失。这个时期的政府等公共部门有很大的责任缺失，在行为逻辑上存在一定偏差。对失地农民采用强制拆迁后进行一次性货币补偿的方式和做法，他们普遍认为，失地拆迁安置社区居民已经有非常可观的一笔补偿安置费用，完全能够解决他们的基本生活和各项保障，所以大多愿意采取一劳永逸、逃避责任的做法，对刚刚成立的过渡型社区及其衍生出的很多现存和将来的问题均缺乏持续性关注。

集体经济组织性质不明确。过渡型社区在这一时期大多成立了集体经济组织，这一组织主要是为农民争取拆迁补偿等相关利益与政府部门进行沟通协调，对社区内的集体财产进行经营和管理。但由于集体经济组织成员仍然是村委会成员，他们既要管理社区公共事务，又要经营经济事务，存在组织性质不明确、管理内容不清晰等问题，且在本身缺乏监督、缺乏运营能力，资产处理不透明，相关制度规范缺乏，运作不规范等缺陷的制约下，存在能力与管理内容的严重不匹配，不能很好地发挥社区治理的功能。

居民主动忽略自身主动性。对于处在转型初期的居民来说，他们忽略了自身的主体性，还未从突然的改变和变迁中解脱出来，对生活差异的不适感远远高于对公共事务的参与热情，对治理主体的角色认知存在严重偏差，参与治理的能力、意识、途径等也都不具备。根据笔者对 A 社区的实地调研，居民普遍认为，自身一些更为重要的利益还没有完全实现，比如，安置房、补偿金等还未到位，或者在家庭进一步分配中家庭成员还有分歧，抑或是被突如其来的生活环境和人文习俗变化所影响，他们还没有想到去参与社区公共事务的决策，或者说无暇关注公共利益的内容。大部分居民对村委会的决定基本上都会接受，呈现出整体性依附式、被动式的特点，即使有不同意见也不会提出来或者站出来反对，基本上采取默许的态度。当然也不乏有个别人敢于提出不同意见，但由于人数太少，缺乏一定的号召力和影响力，这种反对的声音基本上不会影响村委会的决定。因此，居民作为社区的真正主人，并没有发挥出他们这个角色应有的作用。

所以，在转型初期，过渡型社区的治理主体很不明确，自身定位模糊，还不具备互动合作治理社区的条件，具体表现为政府等公共部门责任缺失导致的治理"缺位"、村委会还未真正转变角色导致的治理"错位"、集体经济组织自身管理存在缺陷导致的治理"失位"，社会组织还未出现导致的"治理不在场"，处于不适之中且缺乏参与意识的社区居民自身更是"治理无力"。

二、法律法规的保障支撑不足

根据治理理论，社区治理需要健全、完善的制度予以保障，但在过渡型社区转型的初级阶段，社区治理制度甚为缺乏。众所周知，我国的城市化大规模兴起于20世纪90年代，由于制度的不健全和滞后性，全国在征地制度、拆迁安置政策、失地农民社会保障体系、就业制度等宏观政策层面还缺乏完善的规定和统一的标准。地方政府在当地进行征地拆迁时，基本能按照中央政府制定的大政方针而具体实施，但在政策和制度的制定及执行上仍然存在一定的随意性，尤其越到基层，各地的政策执行越容易出现偏差，相伴随的是政策的变动常有发生，朝令夕改、虎头蛇尾、缺乏持久性和针对性，这也是我国公共政策制定与执行体系的主要显性问题。在失地农民的安置上也没有权威的、完善的、统一的、持续的法律来保障。因此，在当时，政策的不确定性比较大，有很大的变通空间，同一地区的补偿政策不一定统一，今年和去年的补偿办法也可能不同，同一个乡甚至同一个村，先安置的可能和后安置的补偿标准也存在不一致。可以说，在转型初期既没有完备的法律法规作保障，政策执行中也有很大的不确定性。法律、法规、制度等的保障支撑不足带来的治理随意性、人为因素占主导是过渡型社区转型初期社区治理的主要表现，制度运行中的偏离也在一定程度上干扰了社区治理。

访谈对象 A 社区居民 LSS（女，69 岁）表示，我们村当初征地拆迁安置时，并不是一次性把全村人同时都安置了，而是分两批进行，分为 2 个小区安置。第一个小区建成后，首先安置了第一批人，这个小区周边有营业房，但都属于开发商，并没有分给村民，尽管大家对此意见比较大，还是勉强接受了开发商的解释。当第二个小区即将建成时，原计划搬入的村民吸取第一个小区入住后才发现营业房的问题，所以选择了不入住，向开发商提出了分配营业房的要求，迫使开发商同意将一部分营业房分配给村民。然后连锁反应导致入住第一个小区的居民与开发商发生纠纷，最终迫使开发商将少部分营业房分配给居民，但第一批和第二批分配的标准不一致，房屋面积、位置、质量、价值等也存在差异，可以说分配的很不理想，每家也因为分营业房产生了很多家庭矛盾，很长时间都没有化解。

三、公共服务供给的严重缺失

由于制度安排和政策衔接上的问题，转型初期的过渡型社区只实现了从农村到城市的生活环境的改变，也就是说，只把农民集体搬上楼房，但实际上并没有实现城市社区充足的、持续的、均等的、优质的公共服务供给，这也是过渡型社区居民对城市社区缺乏归属感和认同感的主要因素。这一时期，过渡型社区居民的户口大多为农村户口，所享受的很多公共服务和社会保障由于户籍性质的限制而被排除在外，有些仅增加了数额极少的一部分补贴费用，但基本上和以前没有很明显的区别。

转型初期公共服务供给的严重缺失主要体现在两个方面。一是供给方面，供给主体并未对失地农民教育、医疗、养老、就业、文化等基本公共服务供给和福利待遇予以重视，缺乏政策保障，不能精准掌握失地农民的公共服务需求。二是需求方面，社区居民自身对公共服务的认识不足，观念落后，在需求表达方面不够积极主动。例如，在 A 社区，居民虽然生活在城市里，但却没有完备的公共服务配套，他们还是在原来的农村学校上学，在原来的乡村医院就医，还持有"养儿防老""家庭养老"的养老观念，也没有社会交往和融入的需求，且普遍认为这些对他们的生活不会产生太大的影响，也没有什么不满意的地方，或者说即使有不满意也无力改变，这些都给过渡型社区公共服务供给带来了难度。

也就是说，外在因素和内在因素都在影响公共服务的供给，供给主体本身制度缺陷、供给不足，需求对象观念落后，不愿意表达诉求，最终所产生的结果是公共服务供给的严重缺失，而这对社区治理和社区转型的影响也相当严重。

四、多元治理氛围的明显缺乏

过渡型社区在转型初期，由于治理主体不明确，造成社区治理主体之间无法发挥各自长处，未能实现合作，缺乏治理氛围。在社区治理中，社区治理主体众多，必须发挥每个治理主体的积极作用，以实现居民自治为主要目标，完善社区治理。政府要发挥在社区治理中的主导作用，主要体现在规则制定、资源动员、宏观把握、持续关注等方面；自治组织必须摆正角色，做好社区居民的代理人，收集民意、整合民意和上传民意，承担政府与居民之间信任关系建立的主要桥梁和渠道；集体经济组织要发挥优势，在社区经济发展中发挥作用，为居民谋利，促进社区公共利益的实现；居民要把握自身社区治理主体的角色，在社区公共事务治理中具有决定权，为社区治理做贡献。因此，在社区治理中，各个治理主体必须各尽所能，优势互补，实现合作。

但是，在过渡型社区转型的初级阶段，如前文所述，在各种元素过渡与变迁最为明显的阶段，社区仍然是传统的以行政命令为主的管理模式,村委会在角色定位和职能履行上都没有完成实质意义上的转变,仍然保持着行政化的色彩,对自身定位不明确,在社区治理方面存在能力障碍,对政府存在很大的依附性,并不能真正发挥治理作用。社区居民此时有一定的安置补偿费用,生活基本可以满足,且对生活的不适感强于对公共服务需求的表达,居民更多采取不发声、不反对、无反应的态度。同时,缺乏市场、社会组织等其他治理主体的有效参与和合作,过渡型社区合作治理的模式几乎处于"空白"状态。因此,在过渡型社区转型初期,社区缺乏治理氛围,各个治理主体都未能发挥作用,在自身职能不能有效发挥的同时更没有实现合作,可以说,这个阶段依然是一种管理,而不能称为治理,这是转型初期过渡性社区治理的一大困境。

五、社区转型面临不利影响

过渡型社区治理的目标是实现社区转型。

过渡型社区居民的转型表面化表现为过渡型社区仅实现了居住环境的突然改变,其他一切依然照旧,居民对传统社区、传统组织仍然过度依赖,生活方式、行为方式、价值观念等依然停留在农村社区阶段。城市化催生了过渡型社区的出现与发展,但城市化不能仅表现在急速拆迁与随意安置的"快餐工程"上,还必须保证社区内部和居民观念的彻底转型。虽然转型初期不可能很快实现这个目标,但必须在这一时期防范转型表面化的发生,否则会影响后续的转型进程。过渡型社区转型初期,由于对新组建社区没有认同基础,而且传统的生活习惯、社区认同、价值观念对居民有根深蒂固的影响,导致过渡性社区居民倾向于继续保持原来的社交群体、邻里关系和价值认同,一切徒有转型外壳,实无转型内核,这种状态如果任其发展,后果会不堪设想。因此,政府等治理主体必须高度重视这一问题,及时消除不利影响,必须防止团体主义,杜绝守旧思想,可以保留式地改造,但不能故步自封。

　　过渡型社区在转型初期居民呈现明显的不适感，社区治理处在突变期、转换期和调适期，各项制度、政策等还未衔接理顺，治理环境未形成。笔者认为，这一阶段的治理目标是消除不适，做好治理衔接。现代城市生活与传统农村生活的严重碰撞导致的生活严重不适感，传统社区纽带的断裂，熟人社会的瓦解，生活环境的改变等，使这一时期过渡型社区矛盾重重且短期难以化解，长此以往将不利于社区的转型。

　　以 A 社区为例，这些矛盾主要聚焦于本地人口与外来人口的矛盾，现代生活与传统生活的矛盾等。因此，对于转型初期的过渡型社区治理，必须实现的治理目标是居民不适感的消除和社区内部矛盾的遏制，当然这是个非常艰难的过程，但的确是一个必须要完成的目标。只有实现了这一目标，才可以消除过渡型社区与城市社区的隔阂与差异，实现初期的顺利转型和最终的顺利转型。政府需要联合其他治理主体提高对过渡型社区的重视，发现矛盾、正视矛盾、处理矛盾，解决居民对于城市社区和城市生活的不适感，丰富他们的闲暇生活，做好心理疏导，加强社区认同教育，居民则需要尽快转变观念，增强社会适应能力，主动融入社区生活。

5

第五章

过渡型社区转型中期的治理

过渡型社区的转型中期一般是指，过渡型社区已在一定程度上度过了初期的不适应，社区内部居民的不适感正在慢慢削减，开始打破"陌生"和缩小差异，逐步适应城市社区生活，这是转型的进步，但依然存在一定的治理困境。具体表现为居民对城市社区和城市生活的适应还停留在初步的、不完全的、缓慢的和部分人的行为，是一种被动性适应；除居委会外，其他应参与的社区治理主体还没有真正参与进来，社区治理还比较低级和单一，过渡型社区治理的体制机制还不够完善。转型中期是过渡型社区治理的重要阶段，起到承前启后的作用。

本章对以上问题予以详细分析，以 B 社区为主要研究对象，结合重点访谈对象的访谈内容深入了解过渡型社区转型中期的社区治理情况。

第一节　转型中期的主要特征

过渡型社区在转型中期，社区内的基本生活状况和人口特征、社区环境等都和初期相比发生了很大变化。社区居民开始由完全不适应向开始适应城市社区生活转变，两种社区在生活上的碰撞与冲突逐渐减少，社区外来人口开始增长，社区环境有所改善，社区整体状况良好。根据笔者深入 B 社区的访谈与观察，转型中期的主要特征具体表现在以下几个方面。

一、居民开始被动适应城市生活

经过转型初期的适应和磨合后，居民开始逐渐适应城市生活，社区中有部分居民和家庭逐渐改变以前农村生活的一些习惯和方式，并对城市社区的基本生活和社会保障等予以关注和了解。比如，开始主动关注自己的社会养老保险问题，关注小区停车位的合理设计，关注物业公司的服务水平、社区安保服务状况，关注社区周围的配套设置，关注小区冬季供暖质量等与居民社区生活息息相关的事宜。同时，居民在心理上对城市的归属感有了明显提升，对生活的幸福感和获得感进一步增强。与农村物质生活相对贫乏、精神文化生活枯燥单调相比而言，开始逐渐喜欢上城市生活。为了有更多的收入来源和更好的生活质量，一些有劳动技能和就业意愿的居民开始找工作，逐步开始从事明显不同于农村劳作方式的劳动和工作，也想通过自己的努力改变目前的生活状况。

笔者在走访中了解到，相当一部分安置人员中的中青年人甚至老年人，开始尝试多种就业方式和途径，有些选择合理利用拆迁安置补偿费用自己创业，有些则选择到企业、商场、机关单位从事一些基础性工作。他们开始了新的生活方式，也在出外工作中获得了社会交往机会，提高了社会适应能力。

以 B 社区为例，居民在此阶段普遍认识到仅靠房租无法满足城市生活需要，且长期待在家中容易被社会淘汰。为了有好的收入，能过上和城里人一样的生活，大多数居民还是选择了勤劳致富。不同性别、不同年龄的社区居民呈现自谋职业、就近就业且就业方式多样化的特点。比如，中老年男性从事保安、工程看管等工作；青年男性从事出租车营运、网约车营运、餐饮经营等工作，收入相对比较高；青年女性则从事服装店、理发店、孕婴用品店等个体经营工作，也有部分居民从事酒店服务员、商场售货员等工作。此外，B 社区居委会也在这个阶段积极帮助居民拓宽就业途径，联系驻区单位、周围企业、相邻社区等帮助居民实现就业。总之，这一阶段的过渡型社区居民开始真正进入城市生活、工作，这是转型过程中的进步。但是，这种情况还没有形成规模效应，一定程度上欠缺持久性和持续性，且不可避免地存在一点，那就是在开始适应城市生活和主动获取自身价值的过程中，仍然存在社会交往、融入等方面的障碍。

访谈对象 B 社区居民 LLH（男，40 岁）表示，以前在农村，有地，生活简单，消费也低。现在进入城里，处处都要花钱，像我家里还有孩子读大学，可以说家里的开支很大。我分到的那两套安置房一套自己住，一套租出去了（以后也是给孩子结婚用的），我们这种小区的房租每年只有 10000 元，但不能指望房租过日子啊，我们也要自力更生，那就必须要出去打工挣钱，要不然没法生活。居委会也给我们推荐工作，我们自己也去找，可是城里的工作真是不好找，我们没有学历，不会什么技术，年龄也不占优势，只能干一些维修工、保洁员、家政等简单工作，工资低，也辛苦，不像人家城里人，坐在办公室里，风吹不着、雨淋不上，挣得还比我们多。同是生活在城市里的人，还是感觉有很大区别，虽然我们也在努力缩小差距，但从心里感觉还是不像个城里人。而且出去接触社会，无论是找工作还是在工作中都会遭到一些歧视或者说误解，比如，用工单位会认为我们是失地农民，知识水平不高，工作能力欠缺，且长期处在舒适生活中，缺乏接触社会的能力，对工作的期望值和实际能力并不匹配，也会导致工作不踏实，不能吃苦，不能坚持，很多单位不愿意录用我们。

二、新的纽带关系仍未建立

按照德国社会学家滕尼斯的观点，社区共同体的实现必须以一定的纽带为基础，这种纽带关系如果建立起来将会非常稳固，一旦遭到破坏则很难再重新建立。可以说，社区纽带是社区认同构建的基础，也是社区转型的主要推动力。这一时期，过渡型社区原有纽带不复存在或是不再发挥重要作用，新型纽带还未完全建立，直接导致过渡型社区居民缺乏社区共同体的建立条件，对社区的归属感降低。

过渡型社区在被动城市化前，主要以血缘、亲缘、地缘等作为传统社区的纽带，且非常稳定。进入城市后，这样的纽带关系遭到破坏，血缘、地缘、邻里关系等都很难成为城市社区主要的联结纽带，新型城市社区纽带关系中的兴趣缘、邻里缘、职业缘等都未能建立。在 B 社区，笔者了解到，社区出现的家庭不和睦、亲友往来减少、邻里关系冷漠等对社区纽带的建立较为不利。对于居民面临严重就业生计问题的过渡型社区而言，建立城市社区的业缘纽带更是难以实现的目标。虽然很多居民努力去适应城市社区生活，去消除不适感，但还是会出现身份认同的困惑。居民之间的相互信任、相互了解还没有完全建立，即使有相互信任也不同于在农村社区的信任关系。居民对此还需要一定的时间慢慢适应。

访谈对象 B 社区居民 BGQ（男，42 岁）表示，以前在农村的时候，我们对每家的情况都很清楚，知根知底的，谁家有个大事小情的都知道，也都互帮互助、交往简单。现在住进楼房了，家家户户都锁着门，想去谁家串门还要提前打招呼或者有很多顾虑，有很多我们这里的本地人也搬离了现在的小区，邻居之间很多都不认识，相互交往特别少。老年人也许还能出来坐到小区院子里聊聊天，彼此之间还算熟悉，可年轻人之间基本上不联系。就像现在，有些家里儿子、孙子辈的我们都没见过，不认识，近年出生的小辈见到很多长辈也不认识、不问候，明显感觉到了生分与隔阂。

三、社区外来人口逐步增多

过渡型社区在转型中期，社区里的外来人口数量较之转型初期有了大幅增长，以 B 社区为例，已占到了社区总人口数的一半左右。但是，社区原住居民与外来人口之间仍然处于疏离的状态。具体表现为，社区居民和原住居民之间的关系仅停留在房租收取这一简单层面，缺乏深入的沟通和交往。而这一状态，一方面，源于双方各自的"主动隔离"，主要是因为生活习惯、社区认同、价值观念等方面的差异造成的融合障碍；另一方面，源于双方缺乏沟通的载体和渠道，外来人口多为打工族，每天出现在社区内的时间非常有限，早出晚归、努力工作，与原住居民不具备深度交往的条件，社区居委会在举办社区活动时也没有给两者间搭建起很好的沟通桥梁和联系纽带。

综合以上因素，在转型中期，社区外来人口和原住居民之间还存在一定的交往距离与融合障碍，双方对于社区治理的参与和社区转型的作用还未形成共同的思想基础。

访谈对象 B 社区居民 YX（女，26 岁），我们是这里的租客，平时都很忙，早出晚归，与房东的联系仅仅是每年收取房租和签订房屋租赁合同而已，平时基本上不联系。房东是本地人，而且手里都有出租房，不愁吃喝，生活过得很悠闲，不像我们还在为将来辛苦地奔波，这一点感觉我们和房东之间的价值观还是存在差异，有距离的。社区的活动我们基本上不了解也不参加，一是没有时间参加，二是觉得参加也没有什么用。对于社区生活，我们不太关心社区的公共问题，是因为没有归属感，总觉得和自己的关系不大。

第二节　转型中期的治理表现

过渡型社区在转型中期的社区治理问题相对比较复杂，既有转型初期的农村事务管理的一些"遗留"问题，也有城市社区规范管理的新任务，既受到农村单一化、行政化管理方式的影响，也开始适应城市社区多主体参与、现代化治理的新要求，居民的生活逐步进入正常轨道，开始更多地介入社区公共事务。社区治理的主要表现有以下几点：

一、村居自治组织由并存到完成过渡

随着过渡型社区形成的时间不断增长，社区居民开始逐渐适应城市生活，逐渐变化的治理环境要求村委会必须摒弃原来农村社区陈旧的管理方式，转变为具备城市社区治理功能的居委会来承担社区公共事务的管理和服务工作。社区居委会除了要管理好日常事务，更重要的是向居民提供公共服务，更多地开展与居民的互动，更广泛地调动社区内各类组织的参与积极性，共同把社区的公共事务处理好，提高社区治理的质量与效果，尽快实现社区转型。因此，在这一阶段，过渡型社区治理主体中成立了居委会，与原有的村委会同时存在，实行"两个牌子、一套班子"的过渡性解决办法，并慢慢实现了村委会向居委会的顺利过渡，居委会机构和功能日渐健全。

社区居委会统一由街道办事处进行管理，居委会工作人员在保留村委会部分成员的基础上，开始采取统一考试、社会公开招聘社区工作者、居民选举等方式产生，由专业的、具有管理经验的人员担任，居委会各项制度趋于完善，负责社区整体公共事务的处理，运作逐渐平稳有序。但由于过渡型社区的特殊性，除了居委会，村集体经济组织继续保留，与居委会互有分工、并行运作。集体经济组织的工作人员虽然仍然大多是村委会成员，对社区集体财产进行经营和管理，为社区居民创造经济利益，但与初期相比，集体经济组织和居委会的治理功能逐步理顺并分开。

二、居民被动参与社区事务

这一时期的过渡型社区居民开始被动适应城市生活。也就是说，随着过渡型社区在城市的时间不断增长，居民开始适应城市社区，但这种适应是一种在外力驱使或引导下的被动适应，或者说这种适应并不能满足居民内心真正的需求，也或者说这种适应仅仅是小部分群体的适应，并非形成整体性适应。此阶段的参与谈不上主动参与，也谈不上对社区治理的有效参与，只能算是对一些社区公共事务的参与。比如，这个时期的过渡型社区居民开始关注社区选举、开始小规模的参与社区居委会举办的各项活动，能从公共利益的角度考虑社区生活并为之出谋划策，部分居民开始出现自身转型。

访谈对象 B 社区居委会主任 YMH（女，45 岁）表示，现在社区工作不好干，很多工作都是上级派下来的，活动举办也是有任务的。我们社区居民大部分都是失地农民，居民思想观念、社区整体环境还未真正转变，社区文化氛围还未形成，要像城市社区那样举办各类活动不是件容易的事，我们在开展相关工作时也确实犯难。不过近些年可以说是看到了变化，比刚安置那段时间好多了，社区举办的娱乐、文化、体育等活动开始有一些居民关注并参与，也起到了很好的效果，但参与的群体以老年人居多，有些人还是在别人的带动下参与的。活动的辐射性并不强，且很多活动还要采用附带的补偿或奖励措施才会有人来参加。但从活动的效果看，还是有一定好处的。我觉得这样总比以前没人参加要好，任何事情都要经历一个转变的过程，我相信以后会越来越好，现在我们也正在往好的方向发展。

三、由单向管理向多元治理迈进

这一阶段，传统社区时代对社区公共事务进行比较单纯的、单方向的管理已不能适应和满足居民的需要，也无法适应城市社区的治理环境。现代社区治理应该是凡事都要与居民进行协商或者让居民自主决策，居委会在社区公共事务的治理中仍然有很大的发言权和影响力，与自治组织、政府、企业、其他组织共同协商，合作治理。处在转型中期的过渡型社区居民的权利意识明显觉醒，居民对居委会特别是物业公司有了很大的制衡作用和监督作用，居委会和物业公司也在一定程度上对居民起到督促作用，可以说形成了一种相互配合、相互监督、相互促进的良好治理关系。居委会和物业公司在对公共事务进行决策或对公共资源进行分配时，必须保障居民有足够的知情权、参与权和发言权，否则，他们的决定或者工作肯定要受到抵制，甚至无法进行。

以 B 社区为例，由于用人成本的增加和维修、服务事项的扩大等原因，物业公司决定提高物业收费标准，并直接通知居民增加物业费缴纳的标准和缴费时间。大部分居民缴纳了提价后的物业费，但也有少部分居民表示反对涨价并推选出几名居民代表与物业公司进行交涉，并让居委会作为中间人进行调解，甚至提出要到法院起诉物业公司。事态一度陷入僵局。最终居委会成功调解了局面，结果是告诫物业公司，在物业费涨价之前必须征求居民意见，在合理的范围内涨价，且涨价后的服务质量必须有所提升。物业公司对此也提出要求，既然不能大幅上涨物业费用，那么就要求居民自觉养成爱护社区公共设施、公共环境的习惯，改正一些不良的生活习惯，提高自身素质，降低物业服务的难度。最终，事情得以圆满解决。

尽管这只是一个社区物业费涨价的公共问题，可能在城市社区已并不具有代表性。但从中可以看出，处在过转型中期的过渡型社区居民，其主人翁意识和权利意识开始觉醒，对于社区的公共事务不再置之不理、听之任之或者盲目屈从，而是开始参与到决策之中，自治组织可以发挥自身作用来化解矛盾，物业公司通过这个沟通对话的过程对居民起到一定的约束作用，可以说实现了很好的合作。各主体划分角色，沟通配合，最终实现公共利益。因此，这一阶段社区的治理已经向主体多元迈进，各尽其责，仅凭一个治理主体已很难决定社区内的公共事务，尤其是必须要有社区居民的参与才能成功。

第三节　转型中期的治理困境

一、治理主体关系尚未理顺

如前文所述，过渡型社区治理主体呈现多元化的特点，涉及的种类和类型很多，理应发挥各自的主要作用，形成合力，助推社区治理与社区转型。但不容忽视的是，在治理主体众多的情况下容易出现职责不明、互相推诿，纠缠不清、无法实现协作配合的弊端，具体表现如下：

居委会中仍有村委会"残余"，无法发挥治理的主体作用。居委会是过渡型社区主要的治理主体，在社区治理中起决定性作用。虽然在过渡型社区转型中期，居委会组织人员已开始注入新鲜血液，也采用了选举的方式产生社区工作人员，但在选举中，居民投票还是愿意投给自己熟悉的以前村委会成员，所以其实在这个阶段，社区居委会组成人员依然是以前村委会的全部成员或主要成员。在这样的人员构成上，现阶段的居委会受到治理事务的繁杂、自身治理能力和水平等的影响，又面临完成上级政府安排下来的行政命令和任务，对过渡型社区的治理呈现心有余而力不足的特点，根本无暇顾及过渡型社区居民的公共利益和生活需求，也不能调动其他治理主体的力量共同参与社区治理。

集体经济组织发展遭遇困境，无法成为社区经济发展的持续性动力。集体经济组织虽然在维护居民经济利益、增加居民收入、促进社区经济发展等方面做出了很大贡献，但一些集体经济组织成员仍然不正当插手干预社区事务，与居委会的角色和功能交叉不清，在集体资产的处理上缺乏监督，甚至想通过集体资产为自身牟取利益，居民对其认同感有所下降，两者之间的信任关系受到影响，治理功能有所下降。

物业公司流动性大，无法对社区治理发挥稳定性的作用。物业公司原则上负责社区内部治安、环境卫生以及社区公共设施的保养与维修，为社区提供专业化的物业服务。但由于过渡型社区居民普遍没有认识到物业公司的重要性，还存在物业费不能及时缴纳的情况，甚至有些会收取租客的物业费，房主自身根本不缴纳物业费，且居民卫生习惯、公共意识等还有所欠缺，外来人口对社区缺乏归属感也不愿意保护社区公共环境，物业管理难度较大，导致没有合适的物业公司愿意进入这样的过渡型社区进行长期持续稳定的物业管理。物业公司流动性大，与社区建立的联系较为短暂，无法提供专业、干净、整洁、有序的高质量社区物业服务，在社区治理方面也无法配合其他治理主体收集相关信息、满足居民的需求。

其他社会组织对社区治理的作用还未形成。社会组织诸如基金会、行业协会等在这一时期基本没有进驻到过渡型社区内部参与社区治理。一方面，从整体上看，社会组织无论在数量上、质量上还是发挥作用的效果上，都无法和城市社区相比，具有很大差距，也不具备社会环境和社会氛围；另一方面，从过渡型社区本身看，没有意识到社会组织对于社区治理或者社区自治的重要作用，思想还未转变。即使仅有的一些社会组织也曾主动进入社区开展活动，与居民进行互动，但也因自身能力有限、上级政府并不支持、社区居民不理解等因素而没有起到持续性效果和关键性作用。因此，在过渡型社区转型的中期阶段，社会组织有参与社区治理的趋势和态度，但仍然没有走出先天能力不足、社会环境不具备、政府不支持、群众不拥护的限制。

居民自身主体性被忽略，自治能力有限，还不能有效参与社区治理。社区居民在社区转型中期已表现出了很强的参与意愿，但受到各方面能力、素质的影响和限制，虽然有想要表达的想法和渠道，但仅仅是小部分人"昙花一现"式的表达与参与，或者说依然是一种服从式和依附式的参与，居民主体性仍然被忽略，甚至有些居民的参与是在极少数人的带动或煽动下进行的盲目性参与、抵抗性参与和无效性参与等。社区外来人口在这一阶段也存在社区融入障碍，没有真正进入社区治理领域。因此，从居民参与社区治理的角度讲，这一阶段的居民参与还谈不上治理，更达不到自治，社区内部缺乏共同体意识，公民社会还未形成。

总之，这一时期的过渡型社区治理中，治理主体开始慢慢理顺各自的职能，社区治理的主要主体都明确了自身角色，但权力的行使、角色义务的履行和分工合作还不到位，没有发挥各自的优势，规避自身的短处，社区治理效率并不高。

二、公共服务供需契合度低

公共服务的供给应以需求为导向，致力于提高公共服务供给与需求之间的契合度，才能实现有效供给，提升居民的满意度。在过渡型社区转型中期，居民虽然住进了楼房，过上了城市人的生活，但受多重复杂因素的影响，他们对社区的归属感和认同感并不强烈，依然保持"农村人"或者"非农非城"的自我认定。虽然这一时期过渡型社区居民的公共服务供给和社会保障待遇较农村社区已有很大的改善，但公共服务的实际供给与居民的内心需求并不一致，供给质量不高。综合对 B 社区的调研情况，笔者主要收集到以下几种居民的实际需求与实际情况所产生的偏差情况：

就业需求与供给的差异。这一时期，大多的过渡型社区居民已不再想依靠有限的安置补偿费用和租房收入虚度时光，他们有了提升自身文化素质、获得劳动技能、出去就业的强烈意愿，也在实际中开始寻找就业出路，但所从事的工作大多具有临时性、不稳定、报酬低、不缴纳社会保险、社会地位低等缺陷，居民对这样的就业状况并不满意，甚至有些居民认为出去工作所赚取的工资还不如他们每月微薄的租房收入，出去工作并没有给他们的生活带来改善。因此，苦于没有就业途径，或是缺乏就业技能，或是就业形势的严峻，他们并没能获得稳定、合适的工作机会，只能维持基本开支，或是照旧以前的生活，而长此以往对生活产生的不满情绪却在无形中不断生长，成为这一时期的一大治理难题与隐患。

社会保障需求与供给的差异。完善与健全的社会保障体系是城市社区具备的基本功能和服务。过渡型社区在转型中期，依然存在社会保障不足、保障体系不健全的问题。例如，对于安置费用少、家中子女多、缺乏劳动力、没有剩余房屋出租或出售的家庭，在这个阶段会出现生活捉襟见肘的情况，他们大多想通过申请低保等民政救助来解决生活困难，但由于申请条件、申请环节等多重限制，导致这样的生活状况和家庭很难改善现状。

追求房屋产权性质平等的需求与实际情况的差异。根据 B 社区居民反映，他们的安置房屋由于性质归属特别是产权不明确，无法和商品房实现同等的价值，也无法办理商品房产权证，居民的利益受到很大损害，无论是出租还是销售都受到很大影响，房屋没有房产证很难出售，出租也受影响，这些问题在过渡型社区转型之初居民并不知晓，而随着时间的推移才慢慢有所了解。他们也曾努力去争取解决这一问题，但因为时间久远、办理难度大、产权难以界定、政府等公共部门之间相互推诿等原因，导致这一问题一直没有得到很好的解决，社区居民苦不堪言，这也是他们始终无法获得城市认同感和归属感的决定性因素。

社区公共安全需求与实际情况的差异。由于社区物业管理并不健全，治理主体缺乏分工合作，社区内部外来人口较多，居民安全意识不强，社区安全监控设备不完善，导致社区的公共安全受到很大的影响，使这类社区成为偷盗抢劫案件的高发地甚至成为传销组织的藏身窝点，严重影响社区居民的正常生活与社区公共安全。还要警惕一种情况，就是此类社区转型发展的另一个极端，一些居民个人乃至家庭容易产生不重视教育、不辛勤工作、不想努力、"不思进取"、"坐吃山空"等问题，甚至还会滋生"黄赌毒"等违法犯罪问题，这些都是社区公共安全存在的隐患与危机。

矛盾化解的需求与实际情况的差异。随着社区的不断发展，在实际的社区生活中，由于大量外来人口的出现，这一时期的社区内部矛盾类型逐渐增多，严重程度也进一步升级，有社区原住居民之间为争夺房客资源而引发的矛盾，也有原住居民与外来人口之间因生活习惯差异而引发矛盾。社区内部和谐稳定的需求在这一阶段表现得极为明显，但实际情况却是矛盾难以化解，长期搁置甚至有进一步恶化的可能，对社区的转型与发展非常不利。

三、居民参与社区治理效果还未显现

在这一时期，过渡型社区居民从起初对社区生活的强烈不适感转变到开始关注自身利益，因为他们开始意识到，自己作为生活在城市社区的居民，在很多方面并没有和真正的城市社区居民享有同等待遇，也开始意识到必须通过自己的努力来保障自身权益。所以，为了争取和城市社区居民的同等利益，在社会保险和社会保障待遇的争取、房屋产权性质的明确、居民子女受教育均等化、资源共享、社区共治等社区公共问题解决方面开始出现主动参与治理的趋势。但由于受到传统的小农意识、保守意识和服从意识的影响，加上居民文化素质普遍不高，参与治理的能力欠缺，缺乏参与的有效渠道，社区外来人口缺乏参与热情等原因，使这一时期的公众参与并没有产生很好的效果，有些甚至是停留在私下抱怨的阶段，无法传送到决策部门。当然，一些居民开始有反映自己诉求的愿望，通过一些官方、正式平台如网络、媒体等方式得到了解决，但这样的情况还是冰山一角，并没有产生整体效应。因此，在过渡型社区转型中期，居民表现出了一定的参与意愿和热情，但其所产生的效果还不明显。

四、社区转型存在不稳定因素的干扰

过渡型社区在转型中期，社区治理面临诸多困境，使社区转型还存在很多不稳定因素，转型效果还难以形成整体性和稳定性效果。社区转型存在不稳定因素的干扰，主要体现在以下几个方面：

群体性事件爆发。过渡性社区在转型中期，虽然居民对社区生活和城市文化开始逐渐适应，对社区生活有了一定的归属感，也开始对社区生活呈现新的需求。但现实并非如此，因差异化的公共服务供给、文化适应难、居民利益难以保障等因素的诱发，使过渡性社区矛盾、冲突不断。在此期间，过渡性社区居民开始表现出对现有生活的不满，因日益增长的需求始终没有回应而对政府等公共部门失去信任，这些都成为群体性事件的导火索。例如，笔者调研走访 B 社区时发现，处于转型中期的过渡性社区居民普遍反映其拆迁补偿费用已所剩无几，他们又无就业本领和就业机会，生活来源和质量受到严重影响。他们很想解决这一窘境，但因处于闭塞的信息环境和梗阻的诉求渠道之中，居民倾向于采用较为极端的方式影响决策部门，吸引上级政府的重视，争取自己的利益。

社区结构易遭破坏。在过渡型社区转型中期，社区认同还未整体建立，缺乏坚实的认同基础，社区内的联结纽带开始出现新的纽带关系但仍然处于不稳固状态。因此，此时的社区结构极不稳定且极易遭到破坏。由于社区形成的背景复杂、时间较短、纽带断裂、对原社区结构存在眷恋，对新社区结构还未融入，社区结构岌岌可危。一旦有些许导火索，在外力的作用和小部分人的带动下，就会破坏现有的社区结构，回到初始状态或者停滞不前，增加社区转型的难度。也就是说，这种不稳定的社区结构很容易继续回到农村社区状态，没有转型和发展的可能。所以，在转型中期，必须明确目标和任务，抓紧构建社区认同，形成稳定的社区结构，为转型的顺利实现创造条件和奠定基础。

社区安全存在隐患。随着社区内部人员构成越来越复杂，各种矛盾冲突交织不断，以及社区公共安全服务供给严重不足等因素的影响，过渡型社区的公共安全受到严重威胁。这种安全包括社区公共环境的安全和居民自身内心的安定。在转型中期阶段，社区内部经常出现各种盗窃事件、利益纠纷甚至是违法犯罪行为。笔者调研 B 社区居民时，他们说像这样的过渡型社区，居民手里都有些钱，社区内物业水平又不高，安保措施跟不上，很容易被犯罪分子盯上，入室偷盗、抢劫的事件时有发生。还有，由于过渡型社区居民大部分持有一次性的拆迁安置款项但安全意识较低、分辨真伪能力欠缺，很多不法分子趁虚而入，使用非法投资、高息贷款等不合法的手段对居民进行一次性诱导和诈骗，使很多居民瞬间遭遇财产侵害、上当受骗等情况，生活突现窘境。再有，一些社区中老年人也是不法之徒侵害的对象，他们利用虚假广告、虚假保健品、虚假医疗器械等对中老年人进行宣传和迷惑，使他们上当受骗、消耗大量仅有的生活本钱，最终妻离子散、耽误病情、威胁生命。这些问题都给转型中期的过渡型社区制造了危险因素，社区居民在社区生活没有安全感，所以对社区的认同感和归属感更无从谈起。

居民出现就业危机。与转型初期相比，这一时期的过渡型社区居民已基本没有生计来源，仅有每年的房租收入，但仅有的房租收入也因为过渡型社区房屋价值与商品房的巨大悬殊而越来越低，且受到社区环境越来越差、租客越来越稀少等因素的影响而变的市场惨淡。然而数量不多的房租收入却要维系一大家人甚至几代人的全部生活，无疑对过渡型社区居民的生活产生了巨大的影响。因此，和转型初期相比，这个时期居民对就业表现出了极大的需求和渴望。但对于就业，一方面，因为没有劳动技能和就业渠道；另一方面，因为长期处在比较优越的安逸生活，他们丢失了农村传统生活中吃苦耐劳、艰苦奋斗等优良品质，由不能就业演变成了不想就业，而且这种不想就业的辐射性影响很大，从祖辈到父辈再到小辈，思想的侵蚀已非常严重。就业危机给社区治理和转型带来的不利影响让人们的思想观念越发陈旧保守、社会交往越发不畅、社区缺乏转型动力，也让转型陷入困境，停滞不前，甚至制造了社会不稳定因素。

综上所述，转型中期是过渡型社区能否顺利转型的关键阶段。这一时期的治理效果关乎过渡型社区整个转型过程和转型结果。如果这一时期的治理困境不能得到很好的解决，将影响转型进入下一个阶段，甚至重新倒退到上一个阶段。因此，各个治理主体必须高度重视，明确分工，与居民实现良好互动，了解居民需求，解决实际问题，提高治理能力和治理效率。实现合作的最终目的必须使居民从被动部分无效参与转变为主动整体有效参与，治理效果得到明显提升。因此，在这一阶段，治理主体必须深入社区内部，与居民主动沟通，构建良好的信任关系，了解居民的实际需求，将问题明确化和具体化，并提供准确持续、真正有效的公共服务，实现公共利益。调动居民的参与热情，畅通居民参与的渠道，倾听居民参与的反馈信息并及时予以解决，调查居民不愿参与、不能参与的真正原因并采取有效措施予以改变。只有加强互动，才能实现政府与民众之间的平等协商和对话，增进了解，降低治理难度和转型难度。

6

第六章

过渡型社区转型后期的治理

转型后期的过渡型社区，在外部和内部转型上都取得了一定变化和进步，社区内有明显的转型标志和特征。也就是说，在这一阶段的过渡型社区，经历转型初期和中期的发展和完善，受到城市文化、城市生活方式的不断影响和渗透，已具备了转型成为城市社区的各项条件，无论是硬件还是软件，是治理主体还是治理客体，是治理环境还是治理效果，都与城市社区越来越接近，居民特别关注自己的切身利益，知道依法维护自身权益，参与社区治理的意识明显增强。当然，这个时期的过渡型社区还没有完全等同于城市社区，距离真正的、成熟的、发达的城市社区仍然有一定差距。本章以 C 社区为分析案例，结合笔者访谈内容对过渡型社区转型后期的治理状况进行深入分析。

第一节　转型后期的主要特征

与初期和中期相比，过渡型社区在转型后期的主要特征是，由被动适应转为主动适应，由被动转型变为主动转型，包括居民在内的各个治理主体都已经能适应当前的生活方式和社会形态。这一时期，随着城市化规模的不断扩大，过渡型社区周围不断出现各种健全成熟的城市社区，社区范围和社区内的小区数量都大幅增加，过渡型社区被包裹在大片的商品房小区中，采用了片区式的"大社区"管理模式。也就是说，这一"大社区"内包含很多个城市小区和小部分的过渡型小区。在这一大背景下，过渡型社区居民对城市社区生活开始从被动适应转为主动适应。

一、居民主动适应城市生活

随着拆迁安置的年限逐渐增长，进入城市社区的时间越来越长，居民开始主动适应城市生活。这种主动适应主要体现在居民思想观念上的主动转变。思想观念包括居民的生活观念、就业观念、受教育观念、婚恋观念、社会保障观念等的转变。在转型后期，社区交往不断深入，居民城市社会化程度不断提高，过渡型社区居民的思想观念发生了很大转变。这里主要是与农村生活相比较而言，比如，农村主要是夏季半年忙碌劳作，冬季半年在家休息，但城市要常年工作劳动；又如，农村主要是男主外、女主内，女性社会地位、家庭地位都没有男性高，但城市里男女都有工作的机会，且得益于农村妇女勤劳的优势，女性进城后有了工作收入，社会地位、家庭地位会明显提高；再如，过渡型社区居民的生活方式已和城市社区居民几近相同，居民开始主动就业并且注重实现自身价值，对子女的教育开始重视，居民的社会保险参保率升高等。居民认识到自己是社区治理中真正的主体，积极参与社区举办的各类活动，居民市民化取得一定的效果。

这一时期，过渡型社区居民对自己所居住的小区的环境卫生、物业管理、治安情况、周边房价、教育医疗、社保养老等非常关注，甚至有一小部分居民将原来分到手的安置房全部出租，赚取租金，另行依靠自身努力在人居环境更好、价位更高、教育医疗服务更便捷、交通出行更方便、离城区更近的地段购买了商品房，供自己和家人住宿、生活。他们已经完全适应了城市生活，希望到更好的小区生活，提高生活质量，享受更好的社区服务和社会公共服务，对自身的身份认同也发生了改变。

访谈对象 C 社区居民 BYL（女，51 岁）表示，我们在城里生活已经10 多年了，刚开始的那个阶段不知道如何就业去挣钱，也很迷茫。但后来在城市生活，发现城市里生活节奏快，压力大，大家都在求上进、求发展，那我们为什么在这里坐吃山空呢？所以后来我也想明白了，我们虽然没有什么大本事，但我们都是农民出身，可以依靠自己的双手，勤劳致富，只要能靠自己的双手过上好日子，那就可以过上城市人的生活，自己心里也自豪，也舒坦。像我自己就做些小生意，孩子们读完大学也找到了好工作，这些都是靠我们自己奋斗出来的，想指望房租生活一辈子那是不可能的，再说也没多少房租，那点安置款也很快会花完的，所以一定要从长远考虑。拆迁安置以前，那时候还在农村生活，但我把两个孩子从小就转到城里的好学校上小学、初中、高中，还给他们报文化课补习班、兴趣班，孩子们也争气，都考上了大学，现在孩子们也都出息了，我们自己的生活水平也越来越高，我觉得很欣慰，也觉得和城市人没什么区别。

二、与城市社区差距逐渐缩小

在这个阶段，过渡型社区与城市社区采用了统一的管理模式和治理思路，此类社区与城市社区的差异性逐渐缩小，居民享受到的教育、医疗卫生、养老等公共服务和社会保障水平已经接近城市平均水平，居民就业方式呈现多样化，居民除了房租收入，还有固定的工作收入，生活质量有所提升。社区周边有了比较完善的基本的教育、医疗设施，有些居民会把子女送到教育资源更加优质的学校接受教育，增加教育投入。居民的思想观念明显转变，开始更加认识到教育的重要性，大部分失地农民子女接受到了良好的教育，社区内部整体的文化素质和受教育状况有所提高，参与社区公共事务共同治理的能力逐步增强。各项民生福利与城市社区保持在均等水平，居民需求得到满足，对社区公共事务呈现较大的热情，社区治理的氛围日渐浓厚。根据 C 社区的调研情况，这一时期与安置初期相比，该社区居民家庭享受到的教育、医疗和社保服务水平有了很大的提高。

访谈对象 C 社区居民 MCF（女，63 岁）表示，以前刚来到安置小区时，我们没有稳定的社会养老保险，现在也可以领和城市人一样多的养老金了，这也归功于政府的政策好啊，把我们失地农民和城市人等同对待，让我们不再觉得不是城市人。我自己以前对这个不懂，总觉得有孩子养老就行，不太理解这个养老保险的概念。后来社区工作人员经常给我们宣传，女儿也说养老保险有很多好处，她就帮我出钱买了养老保险，现在领上了养老金，每个月都按时打到银行卡里，女儿就去取出来给我，那感觉也是挺幸福的。还有，以前我们这的孩子想进城读书，需要交借读费，而且很不方便，现在孩子可以就近上与城里一样的幼儿园、小学和初中；以前看病，小病靠扛，大病犯愁，现在大病小病都有保障，报销比例很大，基本不发愁看病了。总的来说，现在的生活各方面都有了改善，社会保障比以前在农村社区要好很多，这也能让我们老百姓直接受益。

三、新生代失地农民出现新诉求

随着社区规模的不断扩大、社区人口的不断增加和社区治理事务的日益复杂，转型后期的过渡型社区已从第一代失地农民为主发展到第一代失地农民与第二代、第三代失地农民共存的状态，且这些新生代失地农民较第一代失地农民，观念上出现了很大的代际差异，需求上呈现较高的欲望和想法。新生代失地农民与第一代失地农民相比，没有经历传统农村社区的集体生活，没有对传统社区强烈的社区认同，也没有亲身经历社区变迁的整个过程，相反，他们大多受到了城市社区较好的教育、思想观念开放，愿意接受新生事物，对政府的期望值较高，他们不想再重复和父辈同样的生活，也对城市社区充满认同，需求也在不断增长。他们是处在过渡型社区中的新生群体，对过渡型社区有着自己的认识，对社区转型表现得更为迫切，对转型的推动也起到很大作用。他们对教育不公平、就业不充分、收入差距大等方面，不会像父辈那样选择被动接受，而是有他们自己的认识，也会对社区治理现状产生不满情绪。但是，他们的诉求往往没有太多的表达渠道，有些甚至受到家族和父母的影响不敢表达或者不想表达，使这一有力发声群体的参与效果受到影响，得不到政府和社会各界的充分关注。如果政府等治理主体没有意识到新生代失地农民对于转型的重要作用，长期不予关注他们的需求和想法，那么新生失地农民的一些新诉求与不合作势必会给转型造成很大的压力，影响转型效果。

访谈对象 C 社区居民 MJ（男，15 岁）表示，我从小出生在城市，我自认为我们和城市的学生没有区别，我现在读初中，像我这样还能坚持读书甚至想考大学的孩子在我们这里并不多，他们大多选择在家待业、继承房产或者很早成家。而我和他们不同，我想通过自己的努力考上大学，增加社会阅历，找一份好工作，提高社会地位。从小目睹家里人还有我们小区大部分人的经历，他们没有就业的饭碗，只能依靠房租维持基本生活，我就特别想靠自己改变现状。但我的力量太微弱，且父辈们对上大学、找好工作的认识还是和城市人不同，这有时在一定程度上影响我的决定，使我无法坚定自己的想法。这一点我希望有关部门能够予以关注，这种社区的问题长期存在下去会对后辈人产生不良影响。

四、外来人口开始融入社区

进入转型后期，社区外来人口的数量明显增加，比例逐年提高，社区呈现互嵌式居住格局，外来人口与原住居民之间增强了包容与理解，关系融洽。同时，社区外来人口自身素质、职业构成、参与意愿等都与转型初期和中期有很大不同。他们生活在社区内部，也表达出新的诉求，比如，他们在社区民主选举、社区活动的开展、对物业公司的评价、物业质量的监督、社区公共事务的治理等方面都希望表达自己的意见，履行自己的权利和义务。应该说，社区外来人口自愿融入过渡型社区和失地农民之间构建良好关系、自觉参与社区公共事务治理，对过渡型社区转型来说具有很大的推动作用，可以带动社区原住居民即失地农民尽快转型，这也是社区实现转型的重要指标。因此，在转型后期，必须高度重视社区外来人口的参与意愿和诉求，利用这一积极因素促进社区整合和有效转型。

访谈对象 C 社区租户 LHX（女，35 岁）表示，我是租住在这里已经超过 8 年的上班族，孩子也在附近上学，所以要一直住在这里。因为这里相对于商品房小区来说房租便宜，我就选择了长期租住在这里，住的时间长了，也和这里产生了感情，和这里的居民相处非常融洽。起初刚搬到这里，也觉得有些不习惯，现在大家的距离感逐步打破，我们看到社区里的一些公共问题，比如社区卫生环境差、物业费用高，物业服务质量不佳等，以前是视而不见，觉得和自己无关，后来变成去给房东说，让房东向社区反映。再后来我们干脆自己直接去找居委会和物业反映，最终解决了问题。社区换届选举、举办社区活动、年终总结会等都会通知我们，征求租住人员的意见。比如，前段时间我们社区围墙外建了一个菜市场，每天特别吵，影响居民休息。我们社区所有的居民联合起来，在居委会的带领下和相关部门进行沟通，要求撤掉这个菜市场。后来，经过多方协商，菜市场最终改成了早市，每天只营业上午两个小时，这样既方便了老百姓，也没有太影响我们的生活。现在，我也感觉到，社区是每天生活的地方，社区的事是大家的事，无论是房东还是租客，都应该参与生活，融入社区。

第二节 转型后期的治理表现

一、治理主体实现多元化

过渡型社区到了转型的后期，经过长时间的运行和锻炼，社区居委会逐步迈向职责明确、功能齐全、运行顺畅、班子健全的高水平阶段，对社区中的物业管理、精神文明建设、治安保卫、公共卫生、纠纷调解、养老、社保、计划生育、优抚救济等各项日常事务的处理更加得心应手，与上级政府机关也建立了稳固的指导和被指导关系，在社区治理中发挥了很好的作用。在 C 社区，还成立了社区公共事务监督委员会，对居委会决定的涉及财务、房屋、土地等居民核心利益的事项进行监督，有效地促进了社区公共事务处理，这些都有助于过渡型社区的治理与转型。

同时，社区志愿者队伍和志愿活动开始兴起，这是过渡型社区加快向城市社区转型的一个重要标志。照顾孤寡老人、开展治保巡逻、调解、化解邻里矛盾纠纷、组织社区文化团队、开展社区文化活动等，都离不开社区志愿者的积极参与和付出，各种志愿活动的开展，使社区居民对社区"公共性"的认识更加明确，公共参与热情提升，效果显著，这也是转型后期过渡型社区公共事务方面的一个重要特征。

还有，社区范围内的政府部门、执法机构、各类企业、慈善机构、学校、医院等企事业单位，还有居民小区内的物业公司、教辅机构，包括社区外来人口等，都开始积极参与社区事务的处理，比如，物业费、环境卫生保洁、社区治安、防噪声防污染、社区卫生所和幼儿园的设置，垃圾集中处理站的建设等，都涉及这些主体的利益，他们密切地关注、积极地参与、踊跃地表达意见。因此，多元共治、协商解决、共建共治共享的机制开始形成并发挥作用。

二、法规和政策规范作用加强

过渡型社区在转型后期，从硬件、软件两方面都与一般城市社区非常接近，那么相应地，国家关于社区治理的法律法规和政策也都适用于过渡型社区，特别是最近几年出台的法规政策，对过渡型社区治理具有很好的规范和指导作用。中央层面出台了由中共中央办公厅、国务院办公厅联合印发的《关于加强城乡社区协商的意见》，这一政策意见从顶层设计出发，全面部署了社区协商工作。各省、自治区、直辖市都制定了具体细化的落实措施。

具体内容涉及：积极推进社区减负增效，解决社区行政事务多、检查评比多、会议台账多、不合理证明多等突出问题；深入开展社区共建共治共享，有效发挥社区、社会组织、社会工作者、社区志愿者等不同主体的作用；大力推进社区综合服务设施建设，开展社区治理和服务型社区创建工作；修订完善社区公共事务协商解决等社区管理和服务规范。此外，政府还加大对社区治理的信息化建设等方面的规范和支持。这些都为过渡型社区治理提供了基本的法治规范和政策保障。

三、内部力量驱动社区转型加速

社区治理中居民作用凸显。过渡型社区发展到后期阶段，随着思想观念的转变和与城市社区的差距在逐渐缩小，社区居民的社区认同感和归属感得到提升，居民开始有了社区共同体的理念，开始对个人利益和公共利益有了比较明确的认识，一些社区内生力量和民间团体的作用开始凸显，产生了一定的自治效应。比如，C社区内部居民自发形成的党员爱心服务站、治安巡逻队、志愿者服务队、尊老爱老小组等团体在维护社区治安、构建社区共同价值观、营造和谐社区氛围等方面开始发挥作用，且逐渐带动社区中大量的居民参与其中，有力发挥作用，促进社区尽快转型。与此同时，过渡型社区的传统家族力量也主动承担责任，在社区内部矛盾、家庭矛盾、邻里纠纷等问题的解决上发挥着传统组织的重要作用，为社区居委会分忧，且产生了立竿见影的效果。C社区是个传统的家族聚居社区，社区主要原住居民都是"柳氏"家族和"马氏"家族的后代，人们祖祖辈辈都生活在这里，两大家族又通过后代联姻等方式，具有很稳固的联结纽带。在处理矛盾纠纷时，柳家和马家的家族长者、德高望重者具有很高的责任感和话语权，愿意为社区稳定和谐贡献力量，依靠他们的力量很容易化解社区内部日常纠纷和矛盾，所产生的效果有时似乎没有其他解决方式能够替代。

居民参与治理的意识整体增强。社区的转型，既要有社区治理的要素完善和制度完备，也要有公共服务的水平提升和需求满足。与转型初期相比，本阶段社区的转型中，社区居民无论是原住居民还是外来人口，都更加关注自身利益的满足和权利的维护。在C社区，当初安置时，也就是20世纪末21世纪初，由于该社区地处城区边缘，政府在进行拆迁规划时并未做周全和长远考虑，加之居民长期处于农村生活的条件和习惯，开发商并没有为小区配备或者预留相应的学前教育设施或建设空间，居民对学前教育的需求并没有呈现很强烈的意愿。然而，到了21世纪初，学前教育开始兴起，人们都希望自己的孩子不输在起跑线上，特别是过渡型社区的居民，深刻体会到农村教育落后于城市，更加懂得教育的重要性，于是对学前教育的需求更加迫切。看到其他地区在社区建立幼儿园的做法后，C社区居民中的一些有识之士会积极奔走，推动社区居委会、广大居民、物业公司、辖区政府、上级主管部门和有关学校、企业，在小区里建设幼儿园，补上学前教育缺乏的"短板"，而这一行为也受到了大部分社区居民的拥护和支持，他们也参与其中，为争取利益贡献力量。由此可见，这一阶段，居民对公共服务的需求和自身权益的满足更加强烈，进而开始主动谋求社区功能的完善和提升，且产生了整体性参与效应，愿意采用积极、有效的方式来影响公共决策，这些趋势和特征与城市社区逐渐趋同，居民的整体性参与正在驱动过渡型社区加速迈向功能更加完善的城市社区。

第三节　转型后期的治理困境

一、社区多元治理的效果不佳

过渡型社区走到了转型后期，已具备了成熟的转型条件，形成了城市社区的多元主体治理模式，也有了协同合作的趋势。但是，由于过渡型社区的特殊性和治理主体本身治理能力等多重原因，使这种多元治理的模式并没有展现最满意的结果，一定程度上影响了社区转型进程。因此，过渡型社区转型后期，社区多元治理的效果不佳，主要表现在以下几个方面：

居委会的治理功能仍有待完善。居委会在这一时期从角色定位和职能发挥上都有了很大的改变和提升，社区组成人员由原来的村委会成员全部换成新的由上级指派或参加统一招聘考试进来的工作人员，他们的工作理念和工作方式较之以前有了很大的改观，为过渡型社区治理注入了全新的治理理念和治理手段，但由于居民对传统社区工作人员的依赖，新的工作人员和居民之间仍有一定距离，所以在和居民的沟通和协调上依然不是很顺畅。而且，居委会在治理过程中，将失地农民与外来人口等同对待，忽略失地农民的现实需求和长久发展，没有注重与其他主体的合作，使治理效果不佳。

社会组织的治理角色欠缺针对性。这一时期，过渡型社区和城市社区的差异及距离越来越小，且社区内人口的异质性不断增强，居民的需求层次和内容呈现多样化。期间，不断有各类性质的社会组织开始进驻社区开展各类公益类服务项目，调动居民的参与积极性，为社区治理贡献力量。他们开展的活动和项目受到政府的关注与鼓励，也得到了居委会的配合与支持。但社会组织所提供的服务未能结合当前阶段失地农民在文化、就业、社区融合等方面的特殊需求，也未能和社区转型相联系，缺乏针对性，在一定程度上会给居民参与活动的积极性和持续性带来影响。

集体经济组织的治理作用发挥不理想。根据笔者对银川的过渡型社区集体经济的了解，发现其发展较为缓慢，并不如本地城市社区或者其他发达省区，在资产规模、经营能力和为居民谋利方面都存在很大差距。到了转型后期，集体经济组织可经营性财产开始减少、经营不善、濒临破产、面临解散。但由于过渡型社区的特殊性，集体经济组织又必须存在，使这一组织处于尴尬境地，虽然很多集体经济组织尝试入股分红、合作社等运营模式试图给居民创造福利，获得居民支持，但随着资产规模的不断缩小且依然受到缺乏监督、自身经营能力的欠缺等痼疾的影响，居民对集体经济组织的依附感和信赖感越来越弱，集体经济组织在社区发挥的治理功能逐渐弱化，集体经济组织逐渐退出了多元治理格局范围，发挥的治理效应极其微弱。

物业公司在这一时期的发展逐渐成熟，在社区公共设施维护、居民日常生活保障、社区公共安全监控等方面起到了很好的效果，但处在转型后期的物业公司，其服务对象除了失地农民，还有越来越多的社区外来人口和社区内的商品房小区，居民对服务质量的要求越来越高，随时会对物业公司的服务水平提出投诉性意见，一旦社区居民对物业公司不满意，他们就面临被解除聘用的风险。同时，由于我国物业工作方面的相关制度还不健全，这一阶段出现的物业公司与业主之间因为经济利益、物权利益等方面的纠纷不断增多。因此，物业公司的工作内容增多、工作压力增大，致使他们将大量精力专注于社区物业方面的职能提升、追求业主对他们服务水平的满意度和处理一些因为制度不足带来的物业纠纷，对其他事务无暇参与，与社区居委会呈现失配状态，也不再发挥治理作用。

综合以上分析，过渡型社区在转型后期的治理主体呈现多元化特征，但这种多元的治理主体却因缺乏治理环境和合作条件，治理事务越发复杂，且受各自治理能力欠缺等原因的限制，虽然开始合作，但未能形成协同治理的局面，使这种合作只能短暂出现，缺乏持续性，未能产生效果。

二、社区治理法治保障有待完善

尽管近年来我国法治建设不断推进，在社区建设方面有了很多法律法规，包括一些政策规范，但现有法律法规还不能很好地满足社区治理的需要。我国社区治理方面当前执行的主要是1989年12月颁布的《中华人民共和国城市居民委员会组织法》。很多社区依据《城市居民委员会组织法》制定了内容基本相似的《社区自治章程》。这部《城市居民委员会组织法》的内容和要旨与目前社区治理有两个明显的不对应之处：

一是该组织法规定的社区居委会只是社区治理的一个载体，是社区多元治理主体中的一个治理主体，依托于居民会议和居民，并不包括驻区单位、企业、非政府组织、慈善机构、志愿者等其他治理主体。

二是《城市居民委员会组织法》所规定的上级政府范围有局限，与现实不太相符。该法第二条规定"居民委员会是居民自我管理、自我教育、自我服务的基层群众性自治组织。不设区的市、市辖区的人民政府或者它的派出机关对居民委员会的工作给予指导、支持和帮助。居民委员会协助不设区的市、市辖区的人民政府或者它的派出机关开展工作"。然而，现实中县、乡（镇）以下也设社区。

尽管现在实现中由涉农街道办事处和涉农社区操作，但统筹城乡社区一体化管理、发展和服务，都是一个不可逆转的大趋势、大潮流，这恰恰与该法律的内容不相一致。因此，建议国家在《中华人民共和国城市居民委员会组织法》的基础上，尽快制定《社区治理条例》，进一步完善和规范社区治理过程中的程序、主体、客体、行为等。

三、社区食利群体的不利影响

从众多过渡型社区发展看，即使社区已进入转型后期，但就业问题没有得到有效解决，居民的社会交往局限仍然难以打破，社区转型依然面临不小的阻力。在这一阶段的过渡型社区，社区居民呈现两极分化的明显特征。有些居民利用转型契机不断提升自己、顺应城市的发展，另外一部分居民仍然没有实现自身转型或者说不愿意转型，一定程度上构成社区转型中的风险因素。

在 C 社区内，仍然到处可见无所事事的居民，他们的闲暇时光大多被聊天、打牌、聚餐、钓鱼、游玩等所占据。一些社区居民物质生活并不富裕，精神生活也比较空虚，生活的经济来源不稳定，收入不高，仅靠所剩无几的安置补偿费用和需要养活几代人却并不丰厚的房租收入来维持生活。社区内部很多人不思进取，坐吃山空，甚至从父辈到自己都过着这样的生活，且对后辈的成长非常不利。长此以往，社区中充斥着大量的食利阶层、"啃房族"和"啃老族"等对社会造成一定负面影响的群体，虽然这样的群体从过渡型社区一出现就存在，但他们的影响随着时间的推移，如果得不到关注、解决而在转型后期开始明显爆发，形成社区转型的不利因素，给整个社区和社会带来的负面影响是非常大的，成为破坏基层社会稳定的诱因。

四、社区自治基础仍然薄弱

过渡型社区发展到了转型后期，已经具备了城市社区的基本雏形。

然而无论是过渡型社区还是城市社区，之于社区治理，其最佳状态是实现社区自治，这也是彻底实现社区转型的最终表现。社区自治对于社区而言，是一种在不违背国家法律法规框架下，依靠社区自身力量自主管理、自我服务，实现共同利益的治理模式。但对于处在转型后期的过渡型社区来说，其社区自治的基础依然很薄弱，自治能力不足，这主要体现在以下几个方面：

第一，社区精英力量的退出。社区自治需要社区精英力量的引导与推进，但过渡型社区居民文化素质普遍较低，教育观念落后，参与意识并不具有整体性。当然不乏观念先进、教育基础扎实、综合素质优异的精英群体，但他们的基数太少，且大多都已通过出外求学、就业、自力更生购买城市社区商品房等方式脱离了过渡型社区，对过渡型社区发展中的问题和困境并不能准确把握，和社区的联系仅仅剩下收取房屋出租费用，对社区整体情况无法全面了解，也没有参与社区治理的动力和热情。

第二，共同价值观还未建立。随着进入城市的时间越来越长，受城市文化和各种观念的影响，社区内部也出现了分化，呈现两极化，有一部分追求自我更好的发展，另一部分仍然是保守的原地发展；一部分人希望社区尽快转型，但仍有另一部分人不想转型甚至阻碍转型。因此，社区内部贫富差距拉大，观念差异开始出现，无法实现融合，很难形成共同的价值观，实现整体性转型依然面临很大难度。

第三，社区共同体尚未形成。社区共同体是实现社区自治的基础。对于过渡型社区而言，居民因自身文化素质的不足、公众参与能力较弱、缺乏公众参与的载体、公众参与途径并不健全、公共利益很难达成一致等因素的制约，使过渡型社区在转型后期依然缺乏自治氛围，社区共同体尚未形成并发挥作用。

综上所述，过渡型社区经过数年的发展，从最初的不适期、中期的被动适应期走到了后期的主动改变期。居民的主动改变为过渡型社区治理奠定了坚实的基础，必须把握这一时期的这一优势，有序高效地推动社区实现转型。居民的主动改变源于政府等公共部门的不断关注、各个治理主体的通力合作、居民需求的不断满足和居民自身观念的自愿转变。在过渡型社区转型后期，只有在前期建立的良好的互动基础上，通过多方力量的努力、采用多种方式实现合作共同治理，才能促进过渡型社区顺利转型。这里说的合作共同治理主要包括政府与居民之间的合作，政府与社会组织、市场的合作，居民与其他主体之间的合作，以及其他各个治理主体之间的合作。这种合作必须建立在充分了解并满足居民需求，以居民需求为本位的基础上，通过合作着力解决居民的就业生计问题，转变居民思想观念，提供与城市社区同等同质的公共服务，消除社区隔离与差异，促进社区实现整体性转型。

7

第七章

过渡型社区的治理策略

本书结合实地调研，选择三个过渡型社区作为典型个案，按照调研所获资料将三个社区划分在不同转型阶段，分析每个转型阶段过渡型社区的阶段性特征、治理表现和治理困境。在此基础上，以实现社区转型为治理目标，本章运用治理理论和社会转型理论作为主要的理论工具，系统深入分析过渡型社区治理的解困之道。

第一节　明确治理目标和治理思路

一、以实现社区转型为治理目标

过渡型社区治理的目标是在一定时间内使此类社区更好地转型为新型现代城市社区，并在这一过程中充分发挥现代治理对社区转型的有效促进作用。也就是说，通过国家法律保障、政策支持和多主体协作，在一定时间内，实现过渡型社区更好地转型为基础设施完善、公共服务优良、社会保障健全、政民互动活跃、居民满意度较高的现代城市社区，使过渡型社区居民真正融入城市生活，从而有力地缩小与城市社区的差距。

具体来说，完成过渡型社区转型需要实现三方面的显著变化：一是社区外在要素的变化，包括社区设施、人居环境、人口构成、居民受教育程度、职业状况等显性方面的变化。二是社区内在要素的变化，主要包括居民生活方式、思想观念、心理认同、社区融合、文化活动等方面的变化。三是社区治理模式的变革，包括治理主体、治理内容、治理手段、治理体系和治理能力的变革。这种转型并不是一蹴而就的，需要相当长的一段时间，需要多个治理主体的协同互动，需要居民素质和思想观念的转型。当然，实现此类社区转型，既不能急于求成，不能超越发展阶段，也不能违背公众意愿，更不能违反法律法规和政策规定。必须根据转型阶段的不同和实际，有所侧重、区别对待。

因此，本书根据过渡型社区治理的特点，将其治理的总目标分解成以下分目标：第一阶段，即转型初期，化解矛盾与冲突，降低居民的不适感；第二阶段，即转型中期，增强居民参与，提高互信度；第三阶段，即转型后期，着力解决居民就业，实现合作。关于每一个转型阶段的目标如何实现，将在本节内容的治理思路部分予以详细阐述。

二、遵循社区治理的基本原则

（一）把握特殊性原则

过渡型社区的特殊性。此类过渡型社区较之于其他类型社区，具有明显的不同。这种过渡型社区的转型体现在由农村向城市的过渡、由农民向市民的过渡、由人口构成的单一性向复杂性过渡、由农村管理方式向城市治理方式的过渡等全方位、多视角的转变，且过渡型社区在转型前具有比较稳固的心理认同和社会定型，想要使其进行更好转型的确有一定难度。因此，在进行社区转型的过程中，必须站在客观的角度，充分考虑过渡型社区的特殊性，注重力度、节奏、策略和方法。

过渡型社区治理的特殊性。过渡型社区治理任务艰巨，意义重大。若方式方法不当，有可能会造成治理失败和转型失败。因此，过渡型社区的治理任务和传统农村社区及现代城市社区具有不同的侧重和很大的区别。农村社区治理的主要任务是发展农业、促进农民增收、实现农村基层社会的稳定。城市社区治理的主要任务是多元治理、促进居民参与、实现社区自治、促进社区和谐与稳定。过渡型社区治理的主要任务是解决居民的就业生计，实现均等化的公共服务供给，使其顺畅过渡和转型为城市社区。因此，必须准确定位过渡型社区治理的主要任务和目标，具体问题具体分析，才能有的放矢。

（二）政府主导原则

由过渡型社区治理的特殊性决定，过渡型社区治理必须是政府主导下的居民参与。政府在规则制定、社会力量动员、促进居民参与、维护社区稳定、培育社区自治、促进社区转型等方面必须承担主要责任，起着确定方向、制定政策、把握进度的重要作用。过渡型社区治理是一种在社区模式变迁下的治理方式变迁，社区本身对传统政府的行政权威具有一定的依赖性，自身发展能力有限，其他治理主体还未参与进来，社区居民自身参与效果和自治能力很难在短时间内提升，政府在很多方面依然具有天然优势和管理权威。因此，在过渡型社区治理这一过渡时期，必须坚持政府主导原则，发挥党和政府在社区规划、建设和管理中的主导作用。当然，这种主导并非是政府的完全包办，必须在尊重社区居民意愿的基础上，满足社区居民的需求，以主导带动其他治理主体的逐渐参与和居民公共精神的建立，最终实现居民自治，确保顺畅完成过渡，实现转型。需要说明的是，这里所说的政府主导，包括党和政府对社区治理工作的领导、管理、指导和帮助。

（三）循序渐进原则

由于我国人口众多，地区差异明显，城乡发展不均衡，完全城市化本身就是一个漫长而复杂的过程，从"管理"到"公共管理"再到"治理"的转变需要相当长的过程和时间，还要具备有效的制度基础、成熟的公民社会作保障，再加上特殊性，过渡型社区要实现顺利转型必然要经历一个较为艰难的长期过程。在这一过程内，必须坚持持续渐进原则，对整个转型过程要给予全过程、全方位、多主体的持续性关注和治理，积极推进，稳妥进行。根据特殊性，准确把握转型初期、转型中期、转型后期等每个转型阶段的主要矛盾和治理困境，采用有效措施帮助解困，有始有终，循序渐进，不可能毕其功于一役。

三、运用阶段性思路推进社区转型

本书根据过渡型社区治理的特殊性、复杂性和过渡性，在实地调研典型的过渡性社区后，发现治理困境的规律和特点，不同转型阶段过渡型社区具有不同的矛盾冲突和治理难点，此部分内容已在第四章、第五章和第六章论述，这里不再赘述。因此，在保证过渡型社区治理总原则和总目标不变的前提下，按照过渡型社区发展的时间逻辑，笔者按照转型阶段的不同，梳理出过渡型社区治理的治理思路，希冀对过渡型社区治理提供指导性的借鉴。

（一）转型初期：主动接触，降低居民的不适感

转型初期，过渡型社区居民面临的困境主要是从传统农村社区转为城市社区的不适感，生活上呈现与城市的格格不入，心理上的惴惴不安。因此，在这个阶段，政府要发挥主导作用，通过各种方式和措施降低居民的不适感，而实现这一目标的主要做法是政府的主动接触。

那么如何接触？本书认为，在这一阶段，大多过渡型社区只完成了由农村生活转为住进高楼小区的"硬件"上的初步转型，其心理认同、生活习惯、文化活动、职业状况等"软件"方面并没有发生太大改变，"身"住进楼里，"心"还在村里。在治理主体上，依然以村委会为主，或者村居并存。总之，原来的村委会在新社区的公共事务中发挥了主要作用，治理主体比较单一，居民对村委会成员的认同感没有降低。因此，在这个阶段，实现政府的主动接触必须借助村委会的力量，村干部自己要主动转变思想观念，积极深入社区，感同身受，了解居民的想法，及时发现问题和冲突，利用传统权威的优势解决问题或及时上报上级进行处理。

（二）转型中期：构建信任，获得居民的认同

转型中期，随着时间的推移和对城市生活的逐渐适应，过渡型社区

居民在转型初期的不适感和不安感有所降低，开始对城市生活有了新的期许和要求，政府在初期主动接触中也获得了一定的信任基础。因此，这一阶段，政府的主要任务是在前期接触积累的基础上，争取更多认同，获得更多信任。

那么如何获得信任？本书认为，信任的基础是言行一致的承诺和目标一致的行为，也就是让居民有更多获得感和幸福感。在转型中期，农村管理模式下的村委会已转为城市治理模式下的居委会，且社区构成也发生了很大改变，政府在这一时期需要准确把握居民的最新需求，然后重在满足居民需求。只有让居民感受到政府确实在为他们着想而且确实落实到了行动中，才能获得居民的信任。而良好的信任可以使治理效果事半功倍。同时，这种信任还应建立在目标一致的基础上，比如，这一阶段居委会按照城市社区的要求举办并鼓励居民参与很多社区活动，这种社区活动不应是一种形式化或者完成任务式的活动，而应切实为居民着想，是满足居民真正需求的活动，这样的社区活动和社区参与才是有效的。

（三）转型后期：加强合作，实现善治的效果

转型后期，在前两个阶段，政府发挥了主导作用，建立了信任基础，获得了居民认同，在这一阶段，单靠政府一家的力量已经不足以满足居民日益增长的需求和不断发展的过渡型社区，而实现由农村到城市转型的最终目标是达成像城市社区的政府、居民、其他多主体共同参与、良好合作下的社区自治。所以，必须促进居民自组织的发展和内生力量的形成，与政府等其他治理主体形成合作治理关系。

那么如何实现合作？本书认为，必须发挥过渡型社区的先天优势，利用传统力量，保证居民的话语权，还需借助其他治理主体的鼎力相助。具体说来，要以保障居民就业为首要任务，提升居民的就业层次和就业水平，提高社区居民的文化素质和参与能力，发挥除社区党组织、居委

会以外的非营利组织、驻区单位等主体的积极作用，并很好地动员更多社会力量参与，营造治理和自治氛围，保障居民的话语权和决策权，实现居民对社区的自我管理和自我服务。如图 7-1 所示。

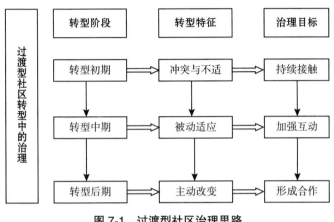

图 7-1　过渡型社区治理思路

第二节　完善制度衔接与制度供给

过渡型社区的治理离不开健全的法律法规、政策规定等制度支持。在制度主义看来，社区治理是各种社区主体不断制定各种制度并加以运作的连续过程。尤其在过渡型社区转型过程中，面临特殊的环境和人事，良好的制度既是社区治理转型的重要推力和保障，也是制度运作的结果。

随着我国社会的发展以及治理理论的兴起，我国现行诸多社区治理制度面临挑战，很多过渡型社区治理的相关制度尚处于空白状态，或是与农村社区、城市社区的各项制度相互交织，无法理顺和明确，这已经不能适应过渡型社区大量出现、问题重重的现实要求。因此，要尽快解决社区在过渡和转型阶段的各种困境，实现过渡型社区的顺利转型，就必须加快完善相关治理制度。当然，按照治理理论，这里的制度既包括法规、政策等正式制度，也包括习惯、传统等非正式制度。

一、健全正式制度，完善制度衔接

（一）完善户籍配套制度

我国长期以来形成城乡分割的二元户籍管理制度，而户籍差异带来在教育、医疗、养老、就业等方面的待遇差异。就过渡型社区而言，他们经历了户籍身份的变迁，从农村户籍转变为失地农民户籍最终转变为城市户籍。但在转入城市户籍后，相应的福利、待遇等并没有真正和城市社区等同。匆匆将农民转变为市民，却未进行制度的配套跟进和待遇的等同供给，造成过渡型社区居民虽然拥有了城市户口，但却始终无法享受相应待遇，对城市社区没有认同感和归属感。即使目前国家取消了城乡二元的户口登记制度，名义上实现了居民户口统一登记，但实际上城乡居民在教育、医疗、社保、文化等公共服务供给和共享的均等化方面仍然存在较大差异。因此，户籍制度改革不能仅停留在户口身份的变化，而必须做好相应的配套改革，保障过渡型社区居民在失去土地、没有就业途径的困境下能真正享受到城市化带来的合法权益。

（二）改革农村征地及补偿制度

过渡型社区由征地拆迁而来，很多问题也由征地制度不完善而起，因此，必须完善征地制度，最大限度地保障农民在征地中的利益。

一要避免一些基层政府在征地过程中的强势行为，严格依法征地和补偿，防止政府为"政绩工程""土地财政"随意、低价征地，同时有效防止一些政府人员的"寻租"行为，有效遏制腐败。

二要保障农民对整个征地过程的知情权、参与权、处置权和获取正当补偿权，规范征地程序，避免征地过程中"暗箱"操作。

三要做好过渡型社区的社区规划，选址规划时要充分考虑过渡型社区居民生活的实际需要，统筹规划生活就业和出行要素需要，科学安排交通、安全、生活便利等因素，加强社区基础设施建设，社区功能健全，配套设施完善，实现均等化的公共服务供给。

四要做好征地补偿工作，按照现行市场价格，规范和保障征地补偿标准，实现安置房屋价值，发放征地补贴，使其依法获得应有补偿，保障失地农民的基本生活。

（三）健全失地农民社会保障制度

国家有关部门应及时制定统一的、更加完善的、保障有力的失地农民社会保障法律制度，用统一的政策框架和法律制度规范各地失地农民社会保障办法，给失地农民的社会保障定下基本标准。地方政策与国家统一政策应根据实际情况相互配合，整体推进，逐步建立起完善的失地农民的社会保障制度体系，做好农村社会保障制度和城市社会保障制度的衔接，避免出现政策断裂和制度空隙。

（四）完善过渡型社区居民就业制度

政府要创造条件，为过渡型社区居民提供更多的就业岗位、工作机会、受教育途径，为此类社区转型提供更好的条件特别是政策扶持。不仅要加强就业技能培训，按需培训，提高培训的针对性和质量，还应制定鼓励失地农民创业的优惠政策，为失地农民自己创业提供扶持政策，比如免交相关税费，提供小额担保贷款等，使一批素质较高、市场开拓能力较强的失地农民走自主创业的道路。同时，把失地农民就业作为政府政绩考核的标准，明确责任归属，对失地农民就业状况和就业需求进行追踪及反馈，使过渡形社区居民实现多种途径的就业，提升其社会交往和社会适应能力，促进转型。

（五）健全和完善其他制度

完善过渡型社区的其他制度，如《城市居民委员会组织法》里面要针对过渡型社区的特殊性，在居委会选举、人员设置、福利待遇、居务公开、社区管理办法等方面要有涵盖过渡型社区的内容和制度；要有针对集体经济组织运行、监督、发展等方面的制度规范等；要有多主体参与社区治理的保障措施和支持政策等。

二、有效发挥非正式制度的积极作用

非正式制度，是指人们在长期社会交往中自生自发形成的并得到大家认可和遵循的行为准则。非正式制度具有自发性、广泛性和非国家强制性。[①]非正式制度是社区治理的重要组成部分。事实上，由于社区依法实行群众性自治，国家一般不会过多干预，这更需要社区自身培育起符合发展需要的非正式制度。社区非正式制度非常广泛，包括社区价值信念、文化传统、风俗习惯、伦理规范、道德观念等。过渡型社区的非正式制度建设应该从以下几方面着手。

（一）加强社区伦理道德建设

社区伦理道德建设有助于社区整体价值认同的建立，通过潜移默化的方式对社区居民产生影响，构建认同。社区伦理道德建设主要包括家庭伦理道德建设、邻里关系建设和社区民风建设。家庭伦理道德建设可以利用过渡型社区的特殊性，通过家庭教化作用构建转型的价值观。邻里关系建设也是过渡型社区构建社区认同的主要方式，要增进邻里关系，通过各种活动促进原住居民和外来人口的交往，以此消除矛盾与冲突，构建和谐社区环境。社区民风建设是在行为上对过渡型社区居民进行规范、引导和教育，通过行为举止的改变，使居民提高自身素质，为顺利转型创造条件。

（二）加强社区自治组织的人才队伍建设

过渡型社区最终转型为城市社区的显著标志是社区内自治力量的凸显。这些自治力量必须通过加强社区治理组织的人才队伍建设来实现。社区治理组织的人才队伍建设主要包括社区志愿者组织建设、社区内部

---

① 黎智洪：《从管理到治理：我国城市社区管理模式转型研究》，经济日报出版社 2014 年版。

各种协会和社区公益性组织。社区志愿者组织主要是号召社区内部所有人员的志愿服务意识和行为，自觉、自愿地为社区治理和社区转型服务，这些志愿者可以是党员干部、社区自组织成员、社区居民等。社区内部各种协会包括文化、娱乐、体育、治安等具有共同性质的自治组织，依靠他们的力量治理社区。社区公益性组织是在社区内部自发形成的具有公益性质的组织，可以为社区治理和转型提供很好的补充力量。

（三）养成社区居民自治习惯

城市社区的最终形成需要过渡型社区居民实现社区自治，依靠自身的力量治理社区，使社区成为自治共同体。这种自治能力的培养需要消除传统依附思想和培养社区居民公共精神。消除传统依附思想需要保障居民的参与权、话语权和监督权，使政府与居民之间形成良好的互动，提高居民的自治能力。培养社区居民公共精神需要通过宣传、引导、教育的方式构建社区的公共价值观和责任感，以自身转型促进社区转型，为社区转型贡献每个人的力量。

第三节　厘清治理主体的责任

一、转变治理理念

（一）正视问题

要有问题意识和问题解决意识，不能采取回避、推诿、搁置的做法。对于过渡型社区，政府等公共部门不应采取坐视不管的态度，认为他们持有一定的拆迁安置费用，还有房产出租，生活上的困难基本能得到解决等优势不再对他们采取针对性的保障措施，而应该将社区治理放在长远的角度来看。毕竟过渡型社区居民均为失地农民，他们失去了赖以生存的土地且以后的子子孙孙都将生活在花费开支巨大的城市，且他们的需求更加多样化，问题更加棘手，如果没有政府的有效引导和关注，势必会造成更大的社会隐患。因此，在过渡型社区经历转型的各个阶段，治理主体必须予以重视，正视问题，解决冲突，保证过渡型社区的顺利转型和长远发展。

（二）共享共治

党的十九大报告指出社会治理要有共享共治的发展理念。城市化的结果必将是城市和农村发展共享共治的结果。为了实现这一目标，保证城市化的顺利进行，就不能缺失对过渡型社区的关注。必须清楚地认识到，过渡型社区的发展对整个城市化进程和社会和谐具有重要意义，这种社区形态必须存在于城市化进程中甚至存在相对较长的一段时间。因此，政府、市场和社会等相关治理主体必须坚持共享共治的发展理念，将过渡型社区治理放在重要位置，将过渡型社区居民的利益提上政策议程，着力解决过渡型社区治理中的各种困境，帮助过渡型社区顺利实现转型。

（三）均衡发展

城市化的结果不应是让城市和社区和过渡型社区始终存有差距，而是通过多方力量的配合，在一定的时间内实现城市社区和过渡型社区的均衡发展，这才是城市化最终的成果和目标。那么，均衡发展是在城市社区和过渡型社区之间，秉承同等地位的治理理念、提供均等化的公共服务和社会保障、建立同等机会的公民参与，使过渡型社区不应只是居住环境的改变，还应包括内在构成上的彻底转型以及与城市社区的同等地位。

二、明确治理责任

根据治理理论的要求，治理并不是靠一个主体就能完成的事情，而是需要政府、市场、社会等相关主体的互动合作以及对话沟通来协商解决问题，提高治理绩效。那么，针对过渡型社区治理，笔者将总结政府、企业、社会组织和其他主体在治理中应发挥的作用和承担的责任。

（一）政府的责任

这里的政府在执行广义上的政府职能基础上，主要侧重街道办事处和居委会党政组织应当承担的角色与任务。街道办事处在我国属于县、县级市或市辖区人民政府的派出机关，除没有人事任免权外，和农村社区的乡镇政府的级别及所管辖的事务基本相同。而社区居委会虽然在法律意义上是一级自治组织，是实现居民自治的载体，但由于我国行政层级体制的特点，居民自治缺乏环境和基础，居委会具有浓厚的行政化色彩，主要负责完成上级政府（主要是街道办事处）的各项安排和指令，是自上而下治理的最末端和自下而上治理最基础环节。

本书讨论的政府责任主要侧重于分析街道办事处和居委会党政部门应承担的责任。街道办事处在落实上级政府任务和目标的同时，必须充分考虑过渡型社区治理的特殊性，找准问题，有针对性地予以解决，同时要将不能解决的问题和居民的各种需求及时传达给上级政府并要求得到尽快解决。要做好社会力量的动员，让更多的社会组织参与过渡型社区的治理，分担政府的压力，提供新的治理思路，准确满足居民的需求。居委会党政组织需要做好对集体经济组织的监督、与集体经济组织相互配合，积极收集社情民意，构建核心价值观，形成居民与政府沟通的桥梁和枢纽，并实现居务公开、政务公开，增强公信力，建立政府和居民之间的相互信任。

（二）企业的责任

治理理论的内涵是政府要做好自己该做好的，而政府做不好的要交由其他组织来做。当然，其他组织也要依法依规根据自身特点和能力做好应该做的，以弥补政府的不足。企业作为市场力量，可以在一定程度上解决政府失灵的问题，利用市场规律和特点解决政府解决不了或难以解决的问题，成为政府的有力助手。对于过渡型社区治理，企业要积极建言献策，其最大的作用是解决居民就业、助推集体经济发展和整个社区经济发展，而这几项职能对过渡型社区治理意义重大。对于解决过渡型社区居民就业问题，企业尤其是社区内的企业要具有高度的社会责任感，深入社区了解情况，发布适宜过渡型社区的就业信息，合理降低准入门槛，做好就业宣传和就业培训，提供就业机会，确保就业保障，帮助实地农民实现就业。例如，银川的很多过渡型社区居民，他们都由农村聚居型社区转变而来，很多社区居民掌握传统剪纸、刺绣、歌舞等民间艺术，企业可提供就业契机，一方面可以传承传统艺术，另一方面可有效解决居民的就业难题。

同时，在过渡型社区，虽然原来的村集体经济组织实现了企业化运营方式，但在资产运作、经营策略、监督管理、培养人才等方面仍然具有先天性的不足，需要成熟的企业给予指导和建议，使集体经济组织发展更具活力，为过渡型社区居民谋取福利。此外，企业需要与社区合作，促进社区其他方面的发展。比如，社区里的物业公司，既是市场力量的代表，也是社区治理的一个主体；既要履行好营利性作用，也要发挥好公益性作用，在运营好、服务好保洁、保安、维修等社区日常事务的同时，积极配合社区党组织和居委会的工作，尽到应有的社会责任。

（三）社会组织的责任

每一个居民个体构成社会。社会作为第三部门可以充分弥补政府和市场的不足，社会组织由公民组成，与公民的距离最近，可以更为直接地了解和感受居民的需求，同时公民也可以借助社会组织的力量，表达自己的诉求，对政府的决策产生影响。对于过渡型社区来讲，社会组织可以在居民观念转变、心理疏导、社会融入适应等方面给予支持，各种志愿者组织、基金会、社会企业、公益组织等力量的进入，可以帮助政府解决治理难题。同时随着社会组织的不断注入，也可以动员居民参与社会组织，为他们提供接触社会，融入社会的机会，以此构建共同的社区价值观和联结纽带，丰富社区居民的精神生活，建立社区共同体，避免各种违反社会治安现象的发生，保护社区公共安全。

（四）其他治理主体的责任

考虑到过渡型社区的特殊性，一些传统的家族力量、民间组织等也在过渡型社区治理中发挥着积极的作用，在一些特殊矛盾冲突的解决上甚至可以产生意想不到的效果。例如，过渡型社区多由传统农村社区的大姓家族组成，各家各户都有一定的亲戚关系，在社区矛盾和冲突面前，一些年龄大、资历深、德高望重的社区家族长辈的话语分量可以平息很多琐碎杂事，具有较大的话语权和决定权，帮助社区创建稳定和谐的治理环境。

这里要说明的是，上述内容都是依法引导主体在协调居民关系、构建和谐社区方面所发挥积极作用，他们都不能代替政府部门和司法机关作为执法主体的权力及责任。所以，这几类社会组织和社会力量可以在过渡型社区治理中成为政府、市场等治理主体的有效补充。

三、形成治理合力

明确了各个治理主体的责任后，必须注重协同配合，有效利用社区资源和社区优势，准确瞄准社区转型和发展中的问题，发挥各自的治理强项，取长补短，互相配合，以保障居民权益和实现社区转型为目标，通过多方努力，最终实现社区的有效转型。

在公共事务的治理上，政府要发挥主导力量，在制定规则、资源动员、规范秩序、培育社区自治能力、创建自治环境等方面发挥作用；集体经济组织要发挥专长，在社区经济发展、居民利益保障、社区和谐稳定上发挥作用；自治组织要成为政府和居民之间沟通的主要桥梁，收集社情民意，了解居民需求，寻求多方支持，提升自治能力；其他组织要成为社区治理的有力补充，在一些棘手、复杂问题上发挥天然优势，为社区治理和转型做出贡献。各个主体都是在法律法规和政策规定的规范下，积极合作，共同出力，一同促进过渡型社区的有效治理、顺利转型。

第四节　采用传统与现代相结合的治理手段

现代社会的过渡型社区治理，必须做好治理创新，缩短与现代成熟城市社区同步发展的距离和时间，使过渡型社区治理能够跟上时代的步伐，与时俱进。在治理手段上利用传统治理手段的优势，还需要借助一些新的方法、手段、技术，两者有效结合，才能使过渡型社区的转型更加符合现代社会的要求，提高治理效率和转型质量。本书通过对过渡型社区的深入调研和研究，认为可采用以下几种传统和现代的治理手段，以发挥各自优势。

一、利用传统社区共同体的优势，为转型助力

通过对过渡型的深入研究发现，过渡型社区相比于城市社区，其对原始社区的基本结构、人员构成、纽带关系、组织体系、生活方式、运行机制等存在一定程度上的依赖和认同，这种依赖和认同也是制约转型的关键性因素。但是，我们可以换一种思路，既然这些传统因素无法强行消除，那就使其在转型中发挥作用。在转型中进行有所保留式的改造，使其为转型服务。因此，本书总结性认为，过渡型社区共同体意识的追溯与利用可以很好地为社区转型创造社会资本、帮助居民树立共同价值观，获得社区认同。

滕尼斯（1999）在《共同体与社会》中谈到，共同体是建立在有关人员本能中意之中，或者习惯制约的适应，或者思想有关的共同记忆之上，共同体是一种持久和真正的共同生活，是"一种原始的或者天然状

态的人的意志的统一体"。①这种社区共同体可以让社区结构更加稳固，社区生活更加和谐。我国著名社会学家费孝通将社区研究引入中国，并对社区研究颇有建树，他在研究中也多次说明社区共同体意识的重要性。当代社会，各届领导人都提出了社区治理的重要影响，习近平主席反复强调"中华民族共有精神家园""培育中华民族共同体意识"的政治主张，在中国传统"和"文化基础上构建人类"命运共同体"的理念。共同体理念和意识已得到理论界及实践界的高度重视，过渡型社区恰恰可以利用原社区中的共同体理念再次将社区成员进行整合，更好地促进融合。共同体意识的建立可以从三个方面予以建立和强化。

（一）生活共同体

过渡型社区居民必须树立生活共同体的理念，社区是生活的主要区域，生活在社区里的人是一个共同体，社区为人们的生活提供了保障，每个人的生活都将影响社区的公共生活。在这个共同体中，任何行为都要以社区公共生活的和谐与稳定为基础和目标，任何破坏社区生活共同体的行为都将受到惩罚。社区在开展各项公共事务活动时，要尊重差异，但不过分强调差异，允许有地域、文化差别，但不突出这些差异，必须引导居民和谐共处，共同营造相聚同一个社区就要睦邻友好、互相尊重、相互扶持的生活共同体意识、中华民族意识、炎黄子孙意识，引导居民之间多开展联谊活动，共同关心关注社区的发展。

（二）文化共同体

过渡型社区有共同的文化基础，原住居民大多来自具备同样的生活背景、同样的命运经历，社区内部成员有共同的血缘、地缘、姻缘等联结纽带，这些丰富的文化基础可以帮助过渡型社区居民树立共同价值观，形成文化共同体，为社区转型服务。同时，要引导居民更加清楚地知道，

---

① ［德］滕尼斯:《共同体与社会》，林荣远译，商务印书馆 1999 年版。

在中华民族大家庭里，只要遵纪守法、勤劳奋斗，都有受到公平对待、平等生活的权利。

（三）利益共同体

利益共同体也就是在社区治理中实现公共利益。过渡型社区的发展和社区转型的成功关乎每一个人的利益。同样，过渡型社区转型的失败也会影响社区中的每一位成员。必须建立社区利益共同体，在社区经济发展、文化建设、居民权益保障等方面都要以实现利益共同体为标准和原则，这对过渡型社区各个类治理主体以及社区所有居民都有重要作用。有国才有家，有社区才有家。

社区是现代社会人类聚居的主要形态，也是唇齿相依、不可分割的利益共同体。城门失火殃及池鱼，说的就是这个道理。社区环境优美、治安良好、物业优秀、邻里和睦、购物方便、教育医疗、体育健身等设施齐全等，是大家共同关注的问题，也是每一个居民的切身利益所在，每个居民都有责任合作起来，处理好共同的利益问题。

二、发挥文化治理的作用，为社区治理贡献力量

文化是一系列内化于心、外化于行的理想追求、价值观念、思想意识、心理认同、道德情操、生活习俗等的总称。文化治理是通过发挥文化潜移默化的作用，对治理主体和治理客体的行为意识产生影响，将二者进行整合与凝聚，发挥文化的影响，形成治理力量，使文化成为一种治理工具或治理手段，为治理主体提供治理思路，为治理客体提供聚合方向，提高治理效率和效果，实现治理目标。过渡型社区文化治理是发挥过渡型社区特有文化的传承、引领和渗透优势，形成社区凝聚力，引导社区居民自觉、自愿地参与转型和接受转型，实现转型最终的目标——价值观念和心理认同等文化层面上的实质性转型。

过渡型社区转型中具备一定的文化基础和先天优势，这些文化基础

和先天优势不应被忽视或丢弃；相反，如果可以有效利用，让其发挥其特有优势，将会为社区的彻底转型服务。虽然利用文化实现治理目标的过程需要很长一段时间，但所取得的效果却是最具稳定性的。因此，本书认为，过渡型社区转型可以在建立社区共同体的理念基础上，通过文化治理实现社区的真正转型，即发挥文化的作用，积累社区社会资本、化解社区文化冲突、促进社区文化融合、形成社区文化共识，这也是一种治理的创新方式和手段，为过渡型社区转型提供治理策略。过渡型社区文化治理具体体现在以下几种文化的治理作用和效果上：

（一）传统乡土文化

传统的乡土文化在过渡型社区有根深蒂固的影响，在社区转型中要想短时间内直接消除转入城市文化几乎是不可能的，那么既然难以消除，为何不有效利用其优势部分而为转型服务呢？社区居民来自乡土社会，有很深的地缘、亲缘、姻缘关系可以形成社区社会资本，且传统乡土社会中的团结互助、踏实本分、吃苦耐劳，勤劳致富等优秀品质和道德因素可以为社区转型提供价值观上的支持，解决特殊问题，在治理中发挥优势。

传统的乡土文化，不仅在道德层面可以引导和约束本地人口，而且对外来人口也具有一定的导向作用。比如，本地人善于经商、勤劳致富，那么外来人口也会学习进而跟随，自然而然地加入经商致富、勤劳持家的行列中。又如，有一些本地人不务正业，沉迷于赌博、吸毒，那么一些外来人员也会近墨者黑、参与其中。因此，传统的乡土文化经过长期的萃取和传承，必有其积极作用能为社区治理所用。

（二）现代城市文化

过渡型社区既然要转入城市社区，那么城市社会文化也应渗透进入社区内部和社区居民心中，才能实现真正的转型。城市社会文化中的求生文化、生活质量文化、努力奋斗、建立社区内部业缘纽带等元素需要过渡型社区治理主体通过不断的宣传教育使其对过渡型社区居民产生影响进而根植于心，这样才能真正地适应城市生活，实现观念上的转型。这类过渡型社区的人口主要由原住居民和外来人口构成，所以需要适应现代城市生活，在社区内共同生活过程中相互交往交流交融，逐渐追求更好的教育、更好的生活质量、更好的工作环境、更好的社会交往圈子，积极参加公益活动，参与社会文化生活，参加基层民主政治，谋求个人合法权益最大化，充分享受应有的社会保障和民生福祉。总之，现代化的社会文化对过渡型社区的影响日益加深，影响了人们待人接物的方方面面，不可谓不深刻。

三、推动社区网络信息化建设，提高治理水平

社区网络信息化建设是应用现代信息通信技术尤其是互联网技术，构筑社区政务、社区管理、社区服务、小区及家庭生活等各个方面的信息技术应用平台和通道，并与现实社区系统有机联系起来，使与社区有关的各个成员在沟通信息时更加便捷，而且能够更加充分有效地开发、共享和利用社区信息资源，最终达到提高社区综合管理和服务水平，提高社区成员生活质量，构建和谐社区，促进社会全面进步的目的。[1]

社区信息化作为社会信息化的组成部分，拥有社会信息化过程中的信息及时性和共享性特征。社区信息化的建设使社区成员有机会在社区信息平台覆盖的范围内及时分享有关信息，包括社区基层工作、公共服务、商业活动、基础建设等方面。通过信息服务平台，整合多方资源，针对居民需求及时发布，提高信息的实效性和利用价值。然而，由于过渡型社区生成背景的复杂性和人员构成的异质性，社区网络信息化建设

---

[1] 中国社会科学院社会研究所社区信息化研究中心：《社区建设与社区治理》，社会科学文献出版社 2012 年版。

还未正式起步，且和城市社区相差甚远，很多先进的治理技术和手段、措施等并未辐射到过渡型社区。笔者认为，过渡型社区实现社区转型可以利用网络优势，与城市社区纳入同样的网络信息化建设体系中，提高社区转型的速度、效率和质量。

具体来说，过渡型社区网络信息化建设主要从以下几方面加以落实：

（一）树立网络信息化建设理念

社区网络信息化建设是近年来网络社会发展所带来的必然趋势，也是城市社区进行社区建设与社区治理的主要新型手段和技术。对于过渡型社区，其网络信息化建设尚处于空白或者初级阶段，但其社区环境、社区人口构成、社区建设、社区治理都已趋向于城市化，理应跟随时代的步伐，利用网络优势，提高治理效率。因此，过渡型社区转型的成功需要网络新型治理技术的支持与配合，在居民需求整合、民意收集、社区信息处理和共享、社区电子化建设、舆情治理、突发事件治理等方面发挥作用。治理主体要树立和城市社区相同的网络信息化建设理念。构建数字社区、智慧社区、绿色社区、平安社区、共享社区等现代社区建设理念，为社区转型和社区治理贡献力量。

（二）培育信息化建设的人才队伍

社区网络信息化建设需要专业的技术人才队伍来完成，社区能够拥有高质量的信息人才队伍，是社区网络信息化建设的核心内容。因此，必须要在社区信息化建设中吸收和培养人才队伍。

首先，社区信息化人才队伍的建设离不开政府等公共部门的投入与支持，必须加强对过渡型社区信息化建设人才队伍建设的政策设计和经费投入，健全硬件基础和网络设施建设，为培育专业人才提供制度保障和资金支持。

其次，创新信息专业人才队伍的引入途径，既可以引进专业的社区大学生或社区志愿者，也可以通过共驻共建的形式，取得驻区单位或社区 IT 企业的技术和人员支持。

最后，需要培养专门的信息化管理人员，可以通过技术培训和委托学习等方式，让社区管理中具备学习信息化管理知识的人员提升管理水平与能力。

（三）以满足居民需求、实现社区转型为落脚点

加快过渡型社区网络信息化建设最主要的目标是满足居民需求、快速高效的实现社区转型。要利用网络信息共享、资源共享、方便快捷等优势与特色，及时掌握、更新并满足过渡型社区居民在不同时期的生活、就业、文化等需求，提高社区居民生活质量，提高社区综合服务水平。这里必须要避免网络两面性带来的弊端和风险，加强网络监管控制和网络安全保障工作，使过渡型社区网络信息化建设为实现社区转型发挥积极作用。

第五节　精确把握社区治理的主要内容

对于过渡型社区治理而言，实现社区顺利转型，必须在充分考虑过渡型社区特殊性的基础上，按照国家推进城乡地区公共服务均等化发展的要求，加快过渡型社区基础设施建设和公共服务提升特别是公共服务的供给，同时满足过渡型社区居民的特殊需求，从而逐步缩小差距、化解差异、同步发展，最终实现过渡型社区公共秩序的和谐稳定和社区公共生活的城市化。只有这样，才能使过渡型社区快速、平稳地转入城市社区，保障城市化目标的顺利实现。按照以上分析，本书认为，过渡型社区治理的内容主要包括以下几个方面：

一、实现基本公共服务均等化与同质化供给

要想实现过渡型社区转型为城市社区，必须为过渡型社区居民提供

和城市社区均等化的公共服务。随着城市规模的范围不断扩大，大量的过渡型社区随即出现，他们的公共服务需求也随着时间的推移和社区的发展而不断增长，与城市社区的差距也逐渐显现。为了避免形成新的一种公共服务供给不均和差异现象，杜绝出现新的贫富差距问题，必须根据过渡型社区的发展情况和特点为其提供和城市社区均等化水平的公共服务。这个过程虽然很难实现，或是说需要很长的时间，或者说不可能实现完全的均等，但笔者认为，就目前过渡型社区居民的公共服务供给情况看，除了居住环境和生活设施较传统农村社区有所改变，公共服务的数量、质量和整体覆盖情况较之城市社区相差甚远，且随着社区的发展时间越长，这个问题越成为阻碍过渡型社区顺利转型的障碍，可以说，提供与城市社区均等化的公共服务是实现社区转型的前提和保障。因此，存在差异的时候必须通过努力弥补差异，使过渡型社区和城市社区之间的鸿沟不断缩小，这样才有可能实现平等，而不是使差距越拉越大，最终无法合并，引发更加严重的问题。根据笔者对过渡型社区的调研，认为过渡型社区实现与城市社区均等化的公共服务供给应从以下几个方面着手。

（一）教育公共服务

过渡型社区在经历城市化的被动变迁后，在教育资源的分配和教育理念的形成等方面受到了不同程度的冲击，面临的问题也相当严峻。

幼儿教育阶段，在传统的农村社区幼儿教育基本上是缺失的，主要由家庭教育完成，可是转入了城市社区，不能再延续这种状态。即使居民转变了对幼儿的教育观念，可是过渡型社区内部并没有设立幼儿园，周边鱼龙混杂的私立幼儿园很多，但服务完全跟不上。加上公立幼儿园名额少，限制条件多，过渡型社区居民不可能进入，办学质量高的私立幼儿园由于收费高、在过渡型社区需求受到限制也没有进驻到社区内部，使过渡型社区的幼儿教育面临很大困境。

义务教育阶段，由于拆迁安置后很多之前的学校被动整合，有的是几个相邻的农村学校进行合并，有的是直接整合到城市学区中。由于师资力量的薄弱，学生经历过渡期学业中断或衔接不畅引发学习困难、失去学习兴趣，也是不容忽视的问题。在升学方面，由于学生学习基础薄弱、教学质量不高、上学过程经历各种变迁、家长教育观念还未转变，使过渡型社区居民子女的教育经历一般仅能持续到初中，大部分学生考不上高中面临失学、失业等困境。这样下去，过渡型社区整体的文化素质和教育水平很难在短时间内提高且有代际延续的风险。

因此，对于过渡型社区教育公共服务的供给，必须从幼儿教育、义务教育和职业教育三个方面着力进行保障。拆迁安置后，必须做好教育资源的合理分布、规划和整合，提高教育教学质量，完成因拆迁安置带来的教育衔接工作。增加公立幼儿园在过渡型社区周边的设置、在社区内部或周边设立私立幼儿园并对其做好服务监管，转变家长的教育观念，提高幼儿教育水平。在中小学阶段，进行学区整合和学校合并后，必须关注学生的学习状况和适应能力，采取有效措施帮助学生顺利度过过渡期。同时，针对过渡型社区居民子女必须兴办职业教育，使其具备一定的职业技能和技术，为以后的就业和生活提供保障，避免其过早接触社会受到伤害或是长期待在家中带来隐患。

（二）公共医疗服务

过渡型社区在转型初期，很多居民依然享受农民医疗保险待遇，然后是失地农民医疗保险待遇，最后是城市居民医疗保险待遇。这个过程中，虽然后期实现了城市居民的医疗保险水平，但由于过渡型社区居民大多没有职业，在保险待遇上和城市职工居民相差很多。过渡型社区内部普遍没有社区医疗站，这和城市社区形成了较大差别。虽然，有些经历到转型后期的过渡型社区发展了社区内部的医疗服务，在社区内部设立了医疗站，但由于居民的就医习惯以及社区医疗水平不高、医疗花费可报销额度低，社区医疗站的利用率和效果并不尽如人意。因此，必须在过渡型社区内部设立医疗水平高、利用效果好的社区医疗服务站，提高居民的医疗保险待遇，扩大覆盖范围，提供大病救助等待遇。配备社区医生、家庭医生，鼓励优秀的医疗团队、社会组织、公益组织等到社区开展义诊活动，普及健康知识，帮助居民转变就医观念和就医习惯。

（三）公共文化服务

公共文化服务的供给是帮助过渡型社区居民转变观念、尽快融入城市社区生活的主要方式，包括公共文化设施的公共文化活动两个方面。

一方面，健全各项公共文化设施的配备，在拆迁安置社区建设之初进行规划时，要合理安排文化活动场地和文化娱乐设施，在社区内部开设图书室、活动室、娱乐室等。笔者认为，有必要设立社区变迁历史纪念馆，让居民了解社区转型的整个背景、过程和目标，获得居民的心理认同，帮助过渡型社区居民市民化。

另一方面，充分发挥专业文化团队和民间文化力量的双重配合，举办各种社区全员参与、深得居民喜爱的文化娱乐活动，丰富居民的社区生活，搞好社区文化建设，提升社区的凝聚力。

（四）养老服务

过渡型社区的养老服务问题，是比较棘手的。在大多数过渡型社区里，家里的老年人大多用拆迁安置的费用承担着养育全家人的义务，老年人被年轻人视为全家人的摇钱树，全家人的生计问题都要由老年人来负担。这其中还要面对拆迁安置款的分配问题，子女之间的利益纠纷和财产争夺问题，老年人心力交瘁、养老经费被瓜分的所剩无几，养老问题堪忧。在笔者的访谈中，多数老年人反映他们关心的是如何用这些安置费用养育一家人的问题，而不是自己的养老问题。还有的家庭出现老年人外出打工养活年轻人的现象，实在令人唏嘘。此外，观念的落后和保险意识的缺乏，导致过渡型社区居民养老保险的参保率较低，养老缺乏保障。鉴于此，必须转变居民的养老观念，丰富老年人的业余生活，创新养老方式，提倡政府购买养老服务的方式解决养老问题，提高居民养老保险的参保率，鼓励商业保险的参保。

（五）社会福利和社会保障

在大众的眼光和认识中，过渡型社区居民享受了拆迁安置补偿，有的还有房产出租，在生活上早已没有什么困难和忧虑。但笔者调研发现事实并非如此。

首先，过渡型社区居民享有的安置费用均为一次性安置，即使后期有集体经济组织为居民争取到了生活补助，但微乎其微。这笔安置费用要保障至少三代人的生活，但部分居民甚至缺乏理财意识在很短时间内将这笔费用挥霍殆尽，生活陷入困境，这样的困难可想而知。

其次，有些过渡型社区居民虽有一定的房租收入，但由于过渡型社区房屋价值并不等同于城市商品房的价值，加上社区服务、物业管理等跟不上，周边设施不健全等，使租客数量并不多，租赁市场萧条冷淡。而且，房屋由于没有商品房房产证也无法出售，从安置房屋获得的收入几乎不能维持生计，况且很多都是子女较多的家庭，房屋分给儿女居住后，完全没有可以出租的房屋。

最后，主要的问题是过渡型社区没有就业能力，没有可以创收增收的途径，所以生活很难得到长久性的保障。

因此，本书认为，在对过渡型社区治理过程中，必须转变观念，认清形势，从政府到社会要摒弃过渡型社区生活可以自足的观念，必须健全对过渡型社区居民的社会福利和社会保障。提供过渡型社区居民的失地、失业保障。对居民家庭经济状况和生活状况进行详细调查和了解，按照经济水平和困难档次发放生活补贴，加大最低生活保障补助、残疾人保障、贫困家庭救助等力度，从根本上解决过渡型社区居民的长久生计问题。

二、重视与满足社区居民的特殊需求

过渡型社区较农村社区和城市社区而言，存在一定的特殊性，这些特殊需求会伴随整个转型过程，对转型能否成功实现具有重要意义。在过渡型社区居民需求的满足上，如果和其他社区居民一视同仁、同等对待，仅仅从经济上、制度上给他们提供帮助，而没有针对居民的特殊需求给予实质性的解决，这并不能真正为他们解困或实现转型，轻视或无视过渡型社区居民在转型时期的特殊需求，或者说没有满足居民的特殊需求，将很可能会出现被边缘化的倾向。为了避免再度边缘化的出现，必须重视满足过渡型社区居民的特殊需求。

根据笔者的归纳，过渡型社区居民的特殊需求主要体现在居民的就业需求、文化认同需求、心理调适需求和社区外来人口的融入需求。

（一）就业需求的满足

就业需求是过渡型社区居民相比城市社区居民而言最为迫切的需求，通过就业需求的满足，可以促进过渡型社区居民的社会交往和融合、增强社会适应能力、解决长久生计问题，更好地实现转型。因此，必须充分掌握并满足过渡型社区居民的就业需求。

首先，帮助居民转变就业观念，失去土地后在城市生活必须通过自力更生而实现，就业是城市生活的必需技能，必须摒弃一夜暴富后不劳而获、坐吃山空的思想观念，重拾农村乡土社会中勤劳致富、吃苦耐劳、踏实本分的优秀品质，努力掌握就业技能，抓住就业机会，实现长久就业。

其次，政府等相关部门必须帮助社区实现居民对其进行就业技能的培训，提升就业层次和就业稳定性，采取有效措施如就业、创业补贴，税收优惠、贷款优惠等惠民政策帮助居民拓宽就业途径。

最后，社区内部也可以吸纳部分社区居民实现就业，比如，物业公司、驻区单位、社区工作者队伍、社区公共服务机构等都可以招收社区居民实现就业，一方面可帮助解决过渡型社区居民的就业问题，另一方面会获得居民的认可与信任，实现"双赢"的效果。

（二）文化认同需求的满足

针对过渡型社区的特殊性，其存在农村传统文化和现代城市文化、聚居生活文化和杂居生活文化等几种文化形态的冲击及碰撞，可以说，要想获得文化认同并非易事。而文化认同不应强迫居民放弃原有的文化基础，而强行认同新的文化，这是不明智的做法，也会得到社区居民的坚决抵触。因此，我们所讲的文化认同必须是抓住各种文化的共同性，从多方面的细节渗透以获得居民自觉自愿的认可，这种认可应是在保留传统优秀文化的基础上，接纳新的文化，寻找两种文化之间的平衡点，这也是一个渐进长久的过程。

（三）心理调适需求的满足

心理上的主动转型是过渡型社区真正实现转型的关键。过渡型社区居民的心理调适需求存在于整个转型阶段，每个转型阶段的心理需求又有不同，需要密切关注并采取潜移默化的方式帮助其进行调适和改变。既可以借助社区精英、社区工作者、社区传统组织的力量帮助居民进行心理调适和长久关怀，也可以通过政府购买社会工作服务的方式帮助居民解决适应性上的需求，培育专业社工群体，深入社区提供持续的心理疏导和适应服务，拉进与居民之间的距离，更好地了解居民的需求，更容易获得居民的认同。

（四）外来人口的融入需求

过渡型社区外来人口随着城市的发展和社区进入城市社区的年限增长而呈现逐步增多状态。综合本书的研究，过渡型社区外来人口对社区的融入和参与也呈现阶段性特征。从转型初期的不融入到转型中期的开始融入再到转型后期的部分融入。虽然社区外来人口的社区融入呈现较好状态的发展趋势，但仍然存在融入障碍。当然这也和社区外来人口多为租户、与原住居民的联系简单、居委会等主体的不重视有一定的关联。我们应清醒地认识到，过渡型社区获得转型的评价标准是社区内是否实现了原住人口与外来人口之间的有效融合。因此，必须满足社区外来人口的社区融入需求，打破社区距离，增强社区凝聚力。

三、维护社区秩序的和谐与稳定

社区是社会的基础，也是人类生活最基本的结构单元，人们的生活起居、衣食住行等基础生活需要和过程都在社区进行。在国家推进社会治理创新的过程中，社区必然成为基层社会治理的主要对象，也是实现社会治理创新和国家治理创新的重要突破口。社区治理的目的是实现社区内部秩序的和谐稳定，这也是社会治理实现社会和谐的目标。过渡型社区存在一定的特殊性，为了和城市社区缩小差异，必须要实现社区秩序的和谐稳定，保障居民公共生活质量，建立居民社区生活的安稳屏障。过渡型社区秩序的和谐稳定主要从以下几个方面予以保障：

（一）实现社区团结

过渡型社区比较明显的特点是由原来的传统农村单一聚居区，转变为现在的多元杂居社区，生活出现诸多不便，交往遇到阻力，社区和谐在短时间内难以实现。因此，必须通过足够的耐心在一定的时间和阶段按照"沟通—了解—理解—改变—团结"的步骤实现社区团结。具体来说，是通过宣传教育，如举办宣传讲座、文体活动，号召社区群众积极参与，增进感情，增进了解，进而互相理解，然后才能换位思考，开始进行中和性的改变，最终走向和谐。

（二）保障社区公共安全

过渡型社区地理位置特殊，社区内部构成人员复杂，人们的安全意识不强，集体素质不高，这些因素都会导致过渡型社区公共安全受到威胁，成为犯罪分子选择作案的主要目标和各类安全事件的主要集中点，也和安全系统完善有效的城市社区形成较大差异，不利于社区转型。因此，实现社区秩序的稳定和谐，必须保证社区内部的公共安全，使居民获得安全感，才能进一步对社区产生归属感。

保障社区公共安全需要加强治安管理部门对过渡型社区的监控与管理，在过渡型社区设置报警点和警民联系室，对社区外来人口和流动人口数量、职业等基本进行深入调查摸底，掌握活动动向，对各种打架斗殴、偷盗勒索、破坏社区和谐和社区公共安全的人员和事件要进行严厉打击，保障过渡型社区的公共安全。加强社区安全监控系统如门禁系统、报警系统、救援系统建设。同时，社区居民自身要提高安全意识和戒备心理，对新鲜事物要注意防备和辨别真伪、识别危险，避免上当受骗。

（三）有效化解矛盾冲突

如前面章节的介绍和分析，过渡型社区内部在不同的转型时期都有比较明显的矛盾和冲突，这和城市社区相比是最明显的差异，严重影响社区内部的安全状况。过渡型社区治理必须有效化解社区转型内部不同阶段、不同类型、不同人群之间的各类矛盾。

这些矛盾冲突也可划分为日常生活中的矛盾纠纷和社区突发事件的处理。对于日常生活中的摩擦和碰撞则需要加强关注和沟通，加强社区内部共同价值观的认同，大事化小，小事化了。对于突发性的冲突事件，需要找准冲突源头、平息事态、耐心劝说、理解至上，冲突后及时追踪反馈，确保稳定。平时要加强社区居民的交往观念、房屋租赁合同管理、安全管理等方面的培训。

四、实现社区公共生活的城市化

过渡型社区实现社区转型为现代城市社区的目标落到实处，其实是让居民自己能够亲身感知到转型，也就是具备城市化的社区公共生活，包括社区公共生活的方式、内容、效果等都要和城市社区接近和等同。虽然过渡型社区有一定的特殊性，实现转型还需要相当长的一段时间，但社区生活是居民生活的最主要载体，只有让社区居民的公共生活不断向城市社区靠拢，才能提高居民的生活质量和社区认同感，才能让居民接纳转型，实现转型。

本书认为，过渡型社区公共生活的城市化主要体现在物质生活的城市化和精神生活的城市化两个方面。

（一）物质生活的城市化

城市化的物质生活需要具备城市社区的居住环境、物业水平、居民收入、物质生活质量等，使居民对社区生活有最直接的感知。虽然过渡型社区居民在收入、生活质量上还难以达到城市社区的标准，但如前文所述，可以通过促进就业、实现均等化的公共服务来逐渐缩小差距。

除此之外，要做好过渡型社区基础设施建设、环境治理和物业管理。在社区基础设施建设方面，必须对社区周边环境的调研，进行合理的社区规划，为过渡型社区提供方便完善的周边配套设施，还要设计城市化的社区景观。在环境治理方面，要帮助居民树立环保观念，养成环保习惯，加强环保知识的宣传和教育，发挥社区党员、大学生、年轻人的作用，设置社区环境保护监督小组，对于破坏环境的行为进行处罚，做好垃圾分类、旧衣回收、垃圾处理等。在物业管理方面，要培养居民的公共意识，及时缴纳物业费，配合物业工作，可像城市社区一样成立业主委员会，与居委会一起对物业公司进行监督，反映居民诉求，提高物业服务质量。

（二）精神生活的城市化

城市化的精神生活主要体现在过渡型社区居民自我权利的保障（包括选举权、参与权、话语权、评议权和自治权等）、有效的社会交往、空闲时间的利用效果三个方面。居民权利的保障需要居民转变观念、相关制度作保证、公共精神的培养等实现。有效的社会交往可以填补居民的精神缺口，促进信息交换，实现社区融合。空闲时间的利用也是过渡型社区最为重要的精神生活指标。实现空闲时间的有效利用需要居民自身、居委会、社会组织等主体共同做出努力，以提高居民的空闲生活质量，使其不再被虚度光阴而替代。当然，要想具备城市社区的精神生活也并非易事，还需要提高社区内居民的文化素质、综合能力和公共精神，并以这些作为精神生活城市化的基础和保障。

第六节　构建多元参与的治理格局

一、确立党组织的领导

发挥社区党组织的领导核心作用，充实党员队伍的数量，稳固党组织的力量，体现党组织的领导核心地位，确保社区党组织成为街道党工委和办事处集中民意和民智、凝聚民心和民力的纽带及桥梁，使党对社区建设和社区管理的各项决策建立在广泛的民主基础上，形成社会协同和社区共治机制。通过社区干部在各种组织相互交叉任职，全面推进干部的复合、机构的整合和工作的融合，从而推进行政资源、社会资源、经济资源与党的资源的有效整合，使社区党建、社区建设、社区经济发展实现有机结合，较好地形成合力，既有利于行政效率的提高，又有利于社区发展整体合力的形成，减少推诿的现象，实现社区共治。借助在不同楼栋、居住单元设立的党小组、党员活动、党员学习等载体提高社区基层党员的责任感和使命感，并做好社情民意收集工作，发挥党员的先锋模范作用，吸纳社区居民进入党员队伍，带动整个社区居民积极向上的生活态度，营造良好的治理氛围。同时，一般情况下，由党支部书记兼任社区居委会主任，社区党支部副书记兼任居委会副主任，确保党组织对社区治理的领导，这符合党的十九大关于"党是领导一切"的精神，也比较符合实际，有利于更好地实现社区治理和转型。

二、明确政府主导的关键作用

治理理论强调多元主体的协商对话，但根据我国政治体制和行政体制的特殊性，加上过渡型社区治理的特殊性，在短时间内我们所讲的治理必须是政府主导下的多方合作，这种政府主导要求政府转变角色，改变全能型政府的定位，更不可能完全隐身退去，而应对整个多方参与的治理格局进行适时适度的调控和关键的方向性把握。这要求政府既要具有高瞻远瞩的治理视角，又要有及时出现的调停疏导。

具体到过渡型社区治理上，就是从中央到地方各级政府要加大对过渡型社区治理的重视，要有危机意识，转变职能，加大对过渡型社区建设的资金投入、项目投入和扶持倾斜力度，广泛收集民意，形成自下而上的治理方式，对于过渡型社区转型和发展要有危机意识，在一些关键问题，如居民拆迁安置利益的保障、拆迁安置后续遗留问题的处理、房屋所有权的归属和证书的办理、居民公共服务的供给、居民就业和社会融合等方面必须发挥主导性的作用，化解和消除治理中出现的各种矛盾及冲突，通过政策制定、主动介入、社会动员等多种方式将过渡型社区治理纳入城乡一体化发展的政策体系和实施环节，确保社区和谐稳定，顺利实现过渡和转型。

三、发挥居民参与的主体作用

俞可平在研究治理理论时认为，治理的有效形成必须具备成熟的公民社会作为基础和保障，治理理论也是在西方民主社会基础上进行的阐释和研究。对于我国而言，虽然治理理论在中国有一定的制约性，我国的特殊国情和体制，形成公民社会的条件和时机还不够成熟，但治理理论为我国的社会治理提供了思路和借鉴，我们并不是对西方社会治理理论的完全照搬和套用，而是对其进行适应性的参考和改造。在我国，不管是社会管理还是社会治理，都需要居民的主动参与，只有畅通有序的居民参与，才能保证治理是一个完整的上下左右联通的立体性结构，而不仅是权力主体的单方面统治。有效的居民参与对过渡型社区治理具有重要意义，应从以下几个方面予以完善：

（一）需要居民自身的主动参与

我们所说的居民参与一定是居民的主动性参与，提供的参与是有效的，能够在过渡型社区治理中发挥作用。这种参与要求居民自身必须转变观念，包括思想观念、生活观念、教育观念。改变传统的小农意识、等级意识、官尊民卑意识等，提高生活适应能力。转变教育观念包括自身的自我教育和对子女的教育，提升个人的参与素质和能力，具备现代公民意识和公共精神。现代公民意识表现在公民的主体意识、权利意识和参与意识等维度，公共精神体现在对公共权力、公共生活、公共事务的认识等方面。这种居民自身的主动参与必须建立在居民的自治意识和对治理主体建立共同信任的基础上，只有居民认为社区治理和自己有关，和社区的每一个人都有关，且政府、市场和社会等治理主体是可信任的，居民才会自觉自愿主动地参与进来。

（二）居民的主动参与需要借助外力的持续性推动

居民的主动参与并不是单个主体的独自发声和孤立无援，也不是依靠非法组织的恶意煽动无目标无序性的参与，而是必须有其他组织的持续性帮助和推动，保证居民主动参与的稳定性和持久性。

首先，需要借助有效的社会组织和民间力量进行有序的参与，而不是无序化和破坏性的参与。

其次，需要一些社区精英力量的带领或示范，形成榜样的力量，比如社区党员、社区大学生、致富能手、传统组织代表等优秀主体的号召和影响。

再次，通过全面有效的社区教育提高居民参与的积极性，这样的社区教育可以由正式组织和民间力量完成，主要是弘扬积极的社会价值观，丰富居民的思想意识，增强官民互动。

最后，有效的居民参与必须有一个可及时兑现的承诺才能保证参与的持久性，而不是昙花一现。参与必定是一个表达诉求到诉求满足的过程，如果诉求没有承诺，抑或是承诺只是一纸空文并没有得到回应和兑现，那么参与会就此止步甚至前功尽弃而转入新的参与冷漠。同时，要保证居民对社区公共事务处理中的知情权、发言权和决定权。

（三）居民的主动参与是一个渐进的过程

主动参与需要人的意念上的自动认同和改变，而这一过程需要相对较长的时间，需要花费很大的精力。经历从被动参与到主动参与、从部分参与到全员参与、从无序参与到有序参与等过程，因此，实现有序性主动性的居民参与是一个渐进性的过程，不可急于求成。对于过渡型社区而言，需要社区党组织的吸收、社区居委会的调动、社区活动的纳入、社会组织的协助、居民自身的参与意识等方面的支持和促进。

四、实现多方协作的治理格局

在不打破原有治理结构的基础上，充分利用原有治理结构中主要治理主体的治理优势，然后发挥多方治理主体的协同治理能力，需要理顺以下主体之间的关系，避免出现职责交叉，治理空白区域的出现。

（一）处理好街道办事处和居委会的关系

在我国传统的行政体制和层级中，街道办事处是城市行政管理体系中最基层的政府单元，其虽然是上级政府的派出机构，但上级政府的所有指令和政策都需要街道办事处这一机构进行落实和实施。社区居委会虽然在法律意义上是一级自治组织，是实现社区自治的载体，但在现行体制下，上级政府安排给街道办事处所有的工作任务和指标都硬性交给或确实需要居委会完成，包括党建、计生、社保、民政、环境卫生、社区矫正等大量工作，使居委会不能把全部精力放到解决社区居民真正的需求上，而只是按照上级要求开展工作，主要是执行街道办事处的指令，街道办事处和居委会变成管理与被管理的关系。

过渡型社区也是如此，本身过渡型社区居委会就是一种转变而来的机构，各方面职能还未捋顺，居民对居委会的认同感还未建立，在这样的情况下还要面临街道办事处的各种任务、活动、评比、调研等，使居委会没有自主权，对过渡型社区治理没有针对性，对居民需求了解不够。因此，本书认为，街道办事处与社区居委会的关系应以社区居民利益为本位，由管理变成指导，由直接性介入变成间接性参与。街道办事处在社区治理上给予经费上的支持和政策上的指导，而社区工作交由居委会自主治理，充分发挥社区自治功能。

（二）处理好居委会和集体经济组织的关系

通过对银川典型的过渡型社区参与式观察和深度了解，笔者对过渡型社区居委会和集体经济组织的关系及其演变历程进行了详细梳理。过渡型社区一般在刚刚拆迁时还处于没有居委会的阶段，只成立了集体经济组织，以股份公司的模式进行运营，其组成人员多为原来的村委会成员，办公地点也设在村委会所在地，甚至后来成立居委会，居委会独立出去后，公司的墙面上仍保留着村委会的各种宣传标语和规章制度。也就是说，在拆迁安置之初，集体经济组织和居委会的功能是合一的，且只集中在集体经济组织这一主体中，职能完全交叉，实现了全覆盖。

到转型中期，成立了居委会，将集体经济组织的社区公共管理职能交给居委会，集体经济组织只负责社区经济发展和给居民分红。久而久之，随着社区集体经济组织发展的衰败，以及和居委会的完全独立，使得集体经济组织和居委会成为两个完全孤立的主体，没有对社区治理形成凝聚性力量。

进入转型后期，随着居委会组成人员的大量调整和培养发展机制的日渐成熟，原来的村集体经济组织的日渐衰败以及居民对集体经济组织的认同感下降，导致居委会对集体经济组织的定位变成了可有可无，集体经济组织对社区公共事务处理完全性不参与且面临尴尬生存的境地。

因此，在过渡型社区治理中必须处理好社区居委会和集体经济组织的关系，使他们发挥各自优势，实现协作。在社区治理上，居委会和集体经济组织应该是互相补充的关系，他们都是代表居民利益、保障居民权力的主体。集体经济组织有其天然优势，有一定的资产收入，由传统的农村社区过渡而来，对居民需求的了解和把握更加明确和直接，居民对其有先天的认同感和依附感；居委会虽然是一种现存社区内部的管理机构，但不能忽视过渡型社区居民的利益和社区治理的目标。在这样的分析中，集体经济组织应在社区经济发展、帮助提高社区居民经济收入、社区居民意见收集、社区居民动向关注等方面和居委会一起发挥作用，形成配合，提高治理成效。

（三）处理好物业公司和居委会的关系

长期以来，由于过渡型社区开发商基本没有给社区配备物业公司、社区自身没有聘请物业公司的组织和能力、社区居民公共意识和"花钱买服务"的意识淡薄、物业公司工作人员缺乏福利保障、服务缺乏稳定性和持久性等因素，使过渡型社区的物业管理存在很多漏洞和困境。而居委会在社区治理上，又承担了社区环境政治、公共设施维护、社区生活服务等很多应由物业公司承担的职能。因此，物业公司和社区居委会这两类主体处于管理交叉、管理混乱的模式中，必须理顺他们的职能关系和治理角色。

居委会可以收集民意，通过宣传教育等方式培育居民的公共意识和城市意识，按照居民的要求聘请资质高、服务好、信誉强的物业公司，督促居民及时缴纳物业费，对物业公司进行监督，不适宜的物业公司有权解聘、接受居民对物业公司的投诉、在社区治理环节中给予物业公司一定的话语权等。而物业公司则可以在社区公共设施维修和保护、社区环境治理、社区治安、居民生活服务等方面提供优质的服务，与居委会配合起来为社区治理提供社区环境和社区公共安全方面的保障。

（四）处理好居委会和居民的关系

居委会在城市社区中必须代表居民的利益，实现社区自治和基层社会稳定。可以看到，无论是在城市社区还是在过渡型社区，居委会一直致力于有效治理社区，丰富居民生活，也在不断地组织很多例如政策文件学习、扶贫助残、文艺表演、体育运动等多方面的活动，但居民参与的热情并不高，或者仅有些许在家的老年人参与，年轻人对社区居委会的认同感几乎空白。当然，这里面也与居委会举办的很多活动都是为完成上级政府的任务而演变成了形式化的走过场。长此以往，使居委会陷入贴标语、办活动、走家串户等看似忙碌却无人理解、无人参与、无人配合的困境。居民质疑居委会没有真正代表居民的利益，甚至质疑居委会的存在价值，双方不理解、不合作，这对社区治理和社区自治来说非常不利。

因此，本书认为，居委会和居民应当尽快回归"代表"和"被代表"的关系，居委会必须代表居民的利益，替居民着想，举办真正适合过渡型社区居民、解决居民需求的活动。居民也必须把握自己的角色，保证自己的权力和地位，积极配合居委会的工作，为居委会的发展和社区治理建言献策，积极参与到社区治理中。如图7-2所示。

综合本章所述，笔者根据前文对过渡型社区不同转型阶段治理困境的解读，为过渡型社区转型中的治理提供从治理目标、治理原则、治理

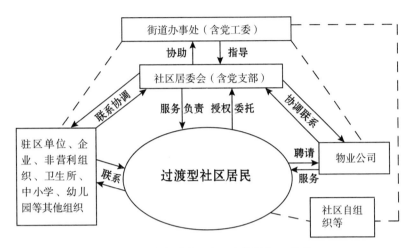

图 7-2 过渡型社区治理主体及相互关系

思路、治理保障，到治理主体责任、治理方式、治理内容，再到治理创新等一系列比较完善的治理策略，虽然仍有欠缺和不足，但希望能对过渡型社区转型提供一定的借鉴作用。

8

第八章

结论与讨论

一、主要研究内容

本书以社会转型理论和治理理论为指导，将"过渡型社区"作为主要研究对象，选择银川三个典型过渡型社区作为实地调研对象，从过渡型社区治理的现状考察中获知过渡型社区治理的基本情况、阶段性特征、不同治理及其演变进程，并强调过渡型社区治理的最终目标是实现过渡型社区顺利转型为城市社区。

为了实现这一目标，要在把握过渡型社区特殊性、变迁性和过程性的基础上，按照转型阶段的不同化解治理困境、构建治理模式和校准治理目标。因此，本书为过渡型社区治理设计了包括治理目标与原则、治理思路、治理保障、治理主体、治理内容、治理手段、治理模式等一整套治理策略，旨在促进过渡型社区的顺利转型和城市化的平稳推进。

二、基本研究结论

（一）过渡型社区治理的最终目标是实现社区顺利转型

首先，充分把握城市化进程的加快是过渡型社区形成的主要背景，也是促进过渡型社区转型的主要推动力。城市化是人类社会发展进步的主要方式，即从小规模、低阶段、较分散的农村群落聚居转变为大规模、高阶段、较集中的城市社区聚居，实现人居环境、公共服务和文明程度的提升，而由农村向城市转变的过渡型社区正是城市化进程的最主要方式和必由之路。因此，为了保障城市化目标的顺利实现，实现失地农民市民化，不断满足城乡居民日益增长的物质文化需要，必须尽快推动过渡型社区治理模式的改革与创新。

其次，过渡型社区向城市社区的转型是促进社区和谐、维护基层社会稳定和建设和谐社会的客观要求。

最后，过渡型社区自身的演变为其向城市社区的转型准备了条件。随着过渡型社区治理的逐步规范化和专业化，治理方式的不断创新，社区发展逐步走入正轨，居民的思想观念得到转型，治理困境得到解决，那么社区发展的下一个阶段是转型为城市社区，这也正是本书研究的实践基础和客观优势。

（二）过渡型社区治理的主要策略是采取阶段性治理模式

众所周知，过渡型社区转型具有很大的难度，要充分考虑地区性差异、过渡型社区本身等各方面、多层次困境的相互交织和错综复杂，还要实现社区外在形态和内在实质的彻底转型，这无疑是一个巨大的挑战。因此，必须为过渡型社区转型提供有效的解决方案。

本书对于过渡型社区转型采用了分阶段的研究思路，将过渡型社区转型的整个过程分为转型初期、转型中期和转型后期三个主要的阶段，每一个阶段的特征、治理困境、实现目标都有所不同。

转型初期：此类社区的主要特征是传统与现代的碰撞带来的不适与冲突，治理的困境是治理主体不明确、缺乏沟通的治理方式、治理氛围完全没有形成，那么这个时期的治理目标主要是降低不适、化解冲突。

转型中期：此类社区的特征主要是不适感有所缓解、被动性参与开始出现，治理困境是治理主体呈现多元化但合作效果不佳，治理目标是要明确治理分工、增强信任、加强持续性互动。

转型后期：此类社区的特征是社区融入逐渐好转，社区内生力量不断崛起，治理开始有序，治理困境是社区居民新的需求未能得到满足，社区自治难以实现，治理的目标是形成合作治理，促进社区转型。

因此，本书认为过渡型社区的转型策略可以采取"分阶段""分步走"策略，利用不同策略和举措来推动不同阶段转型，更好促进整体性转型。

（三）过渡型社区治理必须把居民参与放在关键位置

无论是国家治理还是社区治理，其目的大同小异，就是让人们之间的关系更和谐，这上升到了生产关系的高度。一套完善、科学的管理制度或社会契约，必使广大社会成员乐于接受并自觉遵守；一套糟糕、混乱的制度必然不被人们所接受。回到社区治理，居委会对于人类社会最小的单元和细胞，不涉及外交国防和领土主权，但却触及每一个居民的饮食起居、出行秩序和生活幸福与否。

本书不管是介绍情况、列举问题，还是阐述观点、得出结论，都把"居民"这个社区治理的主体之一，放在十分突出的位置。社区人口结构、生活习惯、文化心态、教育状况、社保就业、邻里关系等，均是本书最关注和着墨最多的地方。从居民的立场、视角和利益诉求来观察并论述过渡型社区的转型治理、居民利益能否得到保障，居民是否积极参与社区活动，居民有无支持社区有效治理等。因此，本书认为社区应实现最本质的生活共同体的功能，居民是生活共同体里的核心元素。过渡型社区治理必须回归到以居民为主要治理主体的最佳状态，把居民参与放在社区治理的关键位置，尊重、强调并实现社区治理中居民的主体性。

三、创新与不足

（一）创新之处

一是选择银川过渡型社区作为研究对象，探讨过渡型社区治理。如前所述，现有文献大多选择了城市化水平较高的城市进行过渡型社区方面的研究，几乎没有城市化水平较低的城市进行研究。过渡型社区治理关乎基层社会稳定和和谐社会建设，是城市化进程顺利实施和目标顺利实现的关键，必须高度重视。

　　二是将过渡型社区转型的过程划分为不同的阶段。本书主要采用阶段划分的方式，对过渡型社区整个的转型过程进行划分，分为转型初期、转型中期和转型后期，并探讨其阶段性治理问题。根据不同的阶段采用不同的治理策略，最终实现社区转型。而以往的研究都只是采用整体性思维，一概而论，缺乏针对性和可操作性。

　　三是研究方法上采用公共管理学角度，运用治理理论和社会转型理论，分析过渡型社区如何有效治理促进社区转型，较之以往采用社会学、人类学等研究方法和相关理论，是一种研究视角上的创新。

　　（二）不足之处

　　一是在案例选择的科学性上还有待进一步完善。对于过渡型社区转型的整个过程，应该是针对过渡型社区在整个转型期进行持续追踪调查和反馈，但由于时间和精力等各方面条件的限制，笔者无法做到对一个社区整个转型期进行治理考察，所以选择分别处在三个转型阶段的典型社区进行研究。对于转型阶段的划分，笔者在阅读文献和实地调研的基础上按照一定标准进行划分，划分标准在科学性上还有欠缺，希望在以后的深入研究中进行弥补和完善。

　　二是资料收集上无法做到周全、客观。由于我国基层社区众多，过渡型社区的历史变迁过程较长，具有一定的特殊性，涉及的因素多，各城市化水平也有所差异，笔者只选择了银川的三个典型社区进行案例研究，并没有考察其他地区的具体情况，在资料收集上未能做到全面、客观，研究结论是否适用于其他，仍有待进一步验证。

四、今后的研究展望

　　（一）对本书选择的三个个案继续进行持续性关注，注重过程性研究

　　对于过渡型社区治理问题来说，个案是动态发展的，社区转型也是

一个长期过程，仅通过学术研究的方式并不能呈现转型的整个过程和最终结果。因此，在今后的研究中，笔者将继续对所选个案进行持续性关注，将更加细化转型阶段，将每一个转型阶段的治理分析更加深入，使其更有说服力。洞察过渡型社区发展的每个阶段和每个细节，"应然"状态下的转型成功和"实然"状态下的转型成功是否具有一致性或差异性？转型成功后还会面临什么样的问题，会不会有转型偏差的存在？带着这些疑问，笔者将继续深入社区内部进行持续性关注。

（二）以此次研究为基础，致力于不同省份之间、不同地域之间过渡型社区治理的对比研究

扩大研究范围，提高研究深度，找到借鉴的经验和做法，为过渡型社区治理寻找新的借鉴思路。然后由特殊到一般，求同存异，探求适宜全国过渡型社区治理的方向和指南，为过渡型社区顺利转型提供经验指导和路径借鉴，以此弥补本书研究的不足之处。

（三）在国家与社会关系理论和变迁背景下，继续深入探讨国家力量介入过渡型社区治理的时间和领域，构建良好的国家和社会关系

这是笔者一直关注的问题，过渡型社区要想真正转型为城市社区，就必须实现城市社区"社区自治"的治理方式。那么过渡型社区能否真正实现社区自治？也就是说，国家是否应该干预过渡型社区的治理和转型？在什么时间和什么领域进行干预？过渡型社区转型需要国家干预还是依靠社区自治力量？现阶段，在过渡型社区治理中国家和社会缺一不可。国家需要完善制度、制定规则，对过渡型社区转型保持关注和引导，加大对过渡型社区治理的资金投入和公共服务供给，创造社区自治环境，社会则需要在国家提供的各种保障下着力提升社区公共性，建立社会资本，最终实现社区共同体，构建社区认同。在实际的治理过程中并不能完全放弃任何一个主体，而是如何实现两大主体间的良性互动，如何利

用政府、市场等的力量和优势来培育社区的自治能力，走向社区自治，实现社区转型。虽然这对于过渡型社区来讲是一个长期的过程，但为了更好地实现社区转型，笔者将进一步深入研究国家力量在整个转型过程中如何介入过渡型社区的治理，如何培育社区的自治能力，如何实现真正意义上的转型。

总之，本书是为了通过系统的研究能更好地反映现实中的不足、反思现状，在问题的诊断中寻求解决路径，以此来更有效地指导实践。社区是社会的缩影，社区治理是国家治理和社会治理的基础，也是最能体现治理绩效的场所。社区治理不应只停留在农村社区治理和城市社区治理的二维领域，必须将过渡型社区治理纳入整个治理体系，使其顺利走出不适期、度过过渡期和迈向转型期。纵观整个研究过程，笔者认为，过渡型社区治理不容忽视，其对城市化目标的促进、对基层社会稳定与和谐的实现、对整个国家治理的顺利实施都具有重要意义。

随着城市化目标的不断推进，过渡型社区自身已经逐渐具备转型为城市社区的条件，如社区共同的文化基础、不断成熟的社区融合和人们不断改变的思想观念等。在此基础上，需要政府、市场、社会等多方力量的关注和支持，形成协同互动的治理格局，培育社区自治能力，帮助过渡型社区顺利、平稳地度过过渡期，快速实现社区转型。

参考文献

一、著作类

［1］［美］埃莉诺·奥斯特罗姆：《公共事物的治理之道》，上海译文出版社 2012 年版。

［2］蔡禾：《社区概论》，高等教育出版社 2005 年版。

［3］［德］斐迪南·滕尼斯：《共同体与社会》，林荣远译，商务印书馆 1999 年版。

［4］费孝通：《乡土中国》，北京大学出版社 2012 年版。

［5］［德］哈贝马斯：《公共领域的结构转型》，学林出版社 1999 年版。

［6］何艳玲：《都市街区中的国家与社会：乐街调查》，社会科学文献出版社 2007 年版。

［7］胡鞍刚、胡联合：《转型与稳定：中国如何长治久安》，人民出版社 2005 年版。

［8］黄立敏：《社会资本视阈下的"村改居"社区治理研究：以深圳市宝安区为例》，武汉大学出版社 2013 年版。

［9］库伊曼、范·弗利埃特：《治理与公共管理》，见库伊曼等编：《管理公共组织》，等萨吉出版公司 1993 年版。

［10］雷洁琼：《转型中的城市基层社区组织》，北京大学出版社 2001 年版。

［11］［美］罗伯特·帕特南：《独自打保龄：美国社区的衰落与复兴》，刘波、祝

乃娟、张孜异等译，北京大学出版社 2011 年版。

［12］［美］罗伯特·帕特南：《使民主运转起来：现代意大利的公民传统》，王列、赖海榕译，江西人民出版社 2001 年版。

［13］蓝宇蕴：《都市里的村庄：一个"新村社共同体"的实地研究》，生活·读书·新知三联书店 2005 年版。

［14］李江涛：《走向善治——新型城市化背景下的城市治理》，广州出版社 2013 年版。

［15］李培林：《村落的终结：羊城村的故事》，商务印书馆 2010 年版。

［16］黎熙元、陈福平、童晓频：《社区的转型与重构——中国城市基层社会的再整合》，商务印书馆 2011 年版。

［17］黎智洪：《从管理到治理：我国城市社区管理模式转型研究》，经济日报出版社 2014 年版。

［18］娄成武、孙萍：《社区管理学》，高等教育出版社 2012 年版。

［19］［法］卢梭：《社会契约论》，施新州译，北京出版社 2007 年版。

［20］［美］罗西瑙：《没有政府的治理》，江西人民出版社 2001 年版。

［21］马西恒：《社区治理创新》，学林出版社 2008 年版。

［22］马仲良：《社区居民委员会建设》，中国社会科学出版社 2013 年版。

［23］［美］曼瑟尔·奥尔森：《集体行动的逻辑》，上海人民出版社 1995 年版。

［24］［法］孟德拉斯：《农民的终结》，李培林译，社会科学文献出版社 2004 年版。

［25］潘小娟：《中国基层社会重构——社区治理研究》，中国法制出版社 2004 年版。

［26］［美］乔治·费雷德里克森：《公共行政的精神》，张成福等译，中国人民大学出版社 2003 年版。

［27］彭惠青：《城市社区居民参与研究——以武汉市社区考察为例》，华中科技大学出版社 2009 年版。

［28］邱梦华：《城市社区治理》，清华大学出版社 2013 年版。

［29］全球治理委员会：《我们的全球伙伴关系》，牛津大学出版社 1995 年版。

［30］塞缪尔·亨廷顿：《文明的冲突与世界秩序的重建》，新华出版社2002年版。

［31］孙立平：《断裂——20世纪90年代以来的中国社会》，社会科学文献出版社2003年版。

［32］孙立平：《现代化与社会转型》，北京大学出版社2005年版。

［33］王邦佐：《居委会与社区治理：城市社区居委会组织研究》，上海人民出版社2003年版。

［34］汪大海、魏娜、郇建立：《社区管理》（第三版），中国人民大学出版社2012年版。

［35］王敬尧：《参与式治理：中国社区建设实地研究》，中国社会科学出版社2006年版。

［36］魏国学：《城镇化进程中的三大问题：就业、土地和公共服务》，人民日报出版社2015年版。

［37］［德］沃尔夫风·查普夫：《现代化与社会转型》，社会科学文献出版社1998年版。

［38］吴亦明：《现代社区工作》，上海人民出版社2003年版。

［39］萧功秦：《中国的大转型》，新星出版社2008年版。

［40］徐永祥：《社区发展论》，华东理工大学出版社2000年版。

［41］徐勇、陈伟东：《中国城市社区自治》，武汉出版社2002年版。

［42］尹冬华：《从管理到治理——中国地方治理现状》，中央编译出版社2006年版。

［43］俞可平：《治理与善治》，社会科学文献出版社2000年版。

［44］俞可平：《中国公民社会的兴起与治理的变迁》，社会科学文献出版社2002年版。

［45］于燕燕：《社区自治与政府职能转变》，中国社会出版社2005年版。

［46］［美］詹姆斯·C.斯科特：《国家的视角》，王晓毅译，社会科学文献出版社2011年版。

［47］张继焦：《城市的适应——迁移者的就业与创业》，商务印书馆2004年版。

［48］张友庭：《社区秩序的生成——上海城中村社区实践的经济社会分析》，上海社会科学院出版社 2014 年版。

［49］折晓叶、陈婴婴：《社区的实践"超级村庄"的发展历程》，浙江人民出版社 2000 年版。

［50］［美］珍妮特·V.登哈特、罗伯特·B.登哈特：《新公共服务：服务，而不是掌舵》，丁煌译，中国人民大学出版社 2010 年版。

［51］郑杭生：《社会学概论新修》（第四版），中国人民大学出版社 2013 年版。

［52］郑杭生：《中国特色社会学理论的探索》，中国人民大学出版社 2005 年版。

［53］许学强、周一星、宁越敏：《城市地理学》（第二版），高等教育出版社 2009 年版。

二、论文类

［1］曹志刚：《多重逻辑下的社区变迁——武汉市千里马社区治理模式研究》，《中国行政管理》，2013 年第 12 期。

［2］陈惠敏：《集中"村改居"社区经济的功能及其发展》，《人民论坛》，2016 年第 17 期。

［3］陈惠敏：《推进集中村改居社区居民市民化对策》，《人民论坛》，2015 年第 26 期。

［4］陈伟东、李雪萍：《社区治理主体：利益相关者》，《当代世界与社会主义》，2004 年第 2 期。

［5］陈伟东：《城市社区自治研究》，华中师范大学博士学位论文，2003 年。

［6］陈星宇：《失地农民社区治理中的自治制度变迁分析》，《农村经济》，2009 年第 10 期。

［7］程宏如、刘雪晴：《过渡型社区治理的现实困境与应对举措——以江苏省盐城市城南新区为例》，《人民论坛》，2014 年第 23 期。

［8］费孝通：《居民自治：中国城市社区建设的新目标》，《江海学刊》，2002 年第 3 期。

［9］高永久、刘庸：《西北城市社区变迁研究》，《城市发展研究》，2004 年第 5 期。

［10］顾永红、向德平、胡振光：《"村改居"社区：治理困境、目标取向与对策》，《社会主义研究》，2014 年第 3 期。

［11］郭小聪、宁超：《"过渡型"社区的治理生态分析：社会资本的解释视角》，《求实》，2017 年第 7 期。

［12］哈贝马斯：《公共空间与政治公共领域——我的两个思想主题的生活历史根源》，《哲学动态》，2009 年第 6 期。

［13］何艳玲、蔡禾：《中国城市基层自治组织的"内卷化"及其成因》，《中山大学学报》，2005 年第 5 期。

［14］胡振光：《社区治理的多元主体结构形态研究》，华中师范大学博士学位论文，2015 年。

［15］黄海平：《城镇化道路上的夹层：城乡结合部"村改居"社区考察》，《华南农业大学学报（社会科学版）》，2016 年第 15 期。

［16］黄立敏：《社会资本视阈下的"村改居"社区治理——以深圳市宝安区为例》，《江西社会科学》，2009 年第 9 期。

［17］黄锐、文军：《从传统村落到新型都市共同体：转型社区的形成及其基本特质》，《学习与实践》，2012 年第 4 期。

［18］蒋慧、吴新星：《"过渡型社区"治理问题的政治学解析——基于社会资本的视角》，《大连理工大学学报（社会科学版）》，2012 年第 1 期。

［19］杰索普：《治理的兴起及其失败的风险：以经济发展为例的论述》，《国际社会科学（中文版）》，1999 年第 2 期。

［20］康之国：《城镇化进程中的转型社区与治理转型》，《中共天津市委党校学报》，2014 年第 5 期。

［21］蓝宇蕴：《转型社区的"总体性"组织及其破解》，《学术研究》，2016 年第 11 期。

［22］郎晓波：《"链合"视角下的新型城镇化道路与农村社区转型——基于浙江 J 村的考察》，《农业经济问题》，2014 年第 5 期。

［23］李和中、廖澍华：《行政主导的"村改居"社区治理困境及其化解——基于深圳市宝安区 S 街道的个案分析》，《社会主义研究》，2017 年第 2 期。

［24］李建超：《当前我国城乡结合部的政府风险与对策》，《江汉论坛》，2008 年第 3 期。

［25］李菁怡：《论"村改居"中的社区自治与居民参与》，《中共南京市委党校学报》，2011 年第 4 期。

［26］李明珠：《城市化进程中"村改居"的新型社区治理研究现状》，《法制与社会》，2015 年第 3 期。

［27］李倩：《消失的村落，存在的农民——失地农民市民化研究》，中国农业大学博士学位论文，2014 年。

［28］李强、李洋：《居住分异与社会距离》，《北京社会科学》，2010 年第 1 期。

［29］李荣志、顾正志：《社区治理中的公共参与——国内以南京市的调查为例》，《甘肃行政学院学报》，2010 年第 2 期。

［30］李志刚、于涛方、魏立华等：《快速城市化下"转型社区"的社区转型研究》，《城市发展研究》，2007 年第 5 期。

［31］刘国毅、陶秉元：《论城郊失地农民过渡型社区治理的特殊性——以青海省西宁市城西区为例》，《宿州学院学报》，2015 年第 4 期。

［32］刘兴景：《过渡型社区治理的困境及主体分析》，《学理论》，2015 年第 28 期。

［33］刘祖云、李烊：《元治理视角下"过渡型社区"治理的结构与策略》，《社会科学》，2017 年第 1 期。

［34］刘祖云、李烊：《理解过渡型社区认同之三维：时空、记忆及意义》，《理论探讨》，2017 年第 2 期。

［35］卢俊秀：《从"乡政村治"到"双轨政治"：城中村社区治理转型——基于广州市一个城中村的研究》，《西北师范大学学报（社会科学版）》，2013 年第 6 期。

［36］卢俊秀：《村落社区被动城市化的庇护关系逻辑》，《甘肃社会科学》，2015 年第 4 期。

［37］麻宝斌、陈希聪：《从"弃管小区"到"居民自治"——基于长春市长山社区治理实践的思考》，《长白学刊》，2014 年第 1 期。

［38］麻雪峰、陈承新：《社会资本与村改居社区党组织建设》，《前沿》，2015 年

第 2 期。

［39］秦颖颖：《城镇化视域下的过渡型社区教育模式研究——重庆市荣昌县个案研究》，西南政法大学硕士学位论文，2015 年。

［40］邱国良：《多元与权威：农村社区转型与居民信任》，《国家行政学院学报》，2014 年第 6 期。

［41］史春玉：《比较视野下英、美城市边缘社区治理经验研究》，《广东行政学院学报》，2015 年第 8 期。

［42］宋喆：《拆迁安置社区治理结构变迁及其机制研究——以南京市 S 新村社区为例》，《南京农业大学学报（社会科学版）》，2015 年第 15 卷第 3 期。

［43］覃国慈：《"村改居"社区治理的困境》，《学习月刊》，2017 年第 5 期。

［44］谭群燕、刘建平：《转型期农民自主合作的困境与逻辑——基于湖北 Z 村集体修路的个案考察》，《农村经济》，2014 年第 1 期。

［45］唐俊鹏：《基于善治取向的我国农村社区治理主体困境与创新研究》，华中师范大学硕士学位论文，2016 年。

［46］陶建群、刘广为、张虹：《党建引领下的城乡社区治理新路——"村改居"成功转型的江欣苑模式》，《人民论坛》，2016 年第 32 期。

［47］田鹏、陈邵军：《论"村改居"后村委会的功能嬗变》，《湖北社会科学》，2015 年第 7 期。

［48］涂晓芳、刘鹤：《城中村社区治理模式的比较研究》，《云南行政学院学报》，2010 年第 5 期。

［49］王娟：《组织变迁与过渡型社区治理——以首都 H 区三个过渡型社区为例》，《中共福建省委党校学报》，2017 年第 9 期。

［50］王璞、付少平、王黎黎：《中国"过渡型社区"现状初探》，《特区经济》，2013 年第 1 期。

［51］王生坤、薛婷婷：《"过渡型社区"的概念、生成因素与存在的困境》，《安徽商贸职业技术学院学报（社会科学版）》，2011 年第 1 期。

［52］王生坤：《城镇化进程中的过渡型社区治理转型问题研究》，苏州大学硕士学位论文，2010 年。

［53］王雅琳：《中国社会转型研究的理论维度社会学研究》，《社会学研究》，2003 年第 1 期。

［54］魏娜：《我国城市社区治理模式：发展与制度创新》，《中国人民大学学报》，2003 年第 1 期。

［55］魏姝：《社区公共生活质量——中国城市社区发展目标的理论分析》，《江苏行政学院学报》，2009 年第 5 期。

［56］文军：《农民市民化：从农民到市民的角色转型》，《华东师范大学学报（哲学社会科学版）》，2004 年第 3 期。

［57］吴晓林：《现代化进程中的社会分化与整合》，《河南大学学报（社会科学版）》，2012 年第 3 期。

［58］吴晓燕、关庆华：《"村改居"社区治理中社会资本的流失与重构》，《求实》，2015 年第 8 期。

［59］吴晓燕、赵普兵：《"过渡型社区"治理：困境与转型》，《理论探讨》，2014 年第 2 期。

［60］吴晓燕：《从文化建设到社区认同：村改居社区的治理》，《华中师范大学学报（人文社会科学版）》，2011 年第 9 期。

［61］向德平、王志丹：《城市社区管理中的公众参与》，《学习与探索》，2012 年第 2 期。

［62］谢俊、陈海林：《融解、引导与阻燃："村改居"社区社会风险治理的思考》，《南阳师范学院学报》，2014 年第 10 期。

［63］许业和：《传统社区现代转型研究》，东南大学硕士学位论文，2007 年。

［64］杨佳丽：《"村改居"社区精英治理和群众参与问题研究》，云南大学硕士学位论文，2016 年。

［65］张晨：《城市化进程中的"过渡型社区"：空间生成、结构属性与演进前景》，《苏州大学学报（哲学社会科学版）》，2011 年第 6 期。

［66］张劲松、杨颖：《论城郊失地农民的治理》，《学习与探索》，2013 年第 8 期。

［67］张康之：《有关信任话题的几点新思考》，《学术研究》，2006 年第 1 期。

［68］张亚鹏、张建明：《转型社区的治理困境与对策探微》，《北京行政学院学

报》，2016 年第 4 期。

［69］张云波：《过渡型社区失地农民市民化的实现机制研究》，山东大学硕士学位论文，2014 年。

［70］赵光勇：《治理转型——政府创新与参与式治理》，浙江大学博士学位论文，2010 年。

［71］周鸿俊、王时浩：《社区居民自治：现代城市治理模式的基石》，《当代世界社会主义问题》，2002 年第 4 期。

［72］周晴丽：《过渡型社区居民公共精神培育研究——以苏州工业园区胜浦街道为例》，苏州大学硕士学位论文，2015 年。

［73］朱敏青：《"村改居"社区公共服务供给机制创新》，《开放导报》，2014 年第 6 期。

［74］朱仁显、邬文英：《从网格管理到合作共治——转型期我国社区治理模式路径演近分析》，《厦门大学学报（哲学社会科学版）》，2014 年第 1 期。

三、外文文献

［1］Andrew T，*Urban regeneration in the UK*，London：Routledge，2009.

［2］Giorgio Tavano Blessi，Pier Luigi Sacco，Giorgio Tavano Blessi，*Urban Regeneration，Culture and Happiness. Bridging Communities through Cultural Policies：A Theoretical Framework.* Policy for Happiness，Siena，2007.

［3］Davies Adams，*Partnerships and Regimes：The Politics of Urban Regeneration in the UK*，Aldershort：Ashgate，2001.

［4］John Cater，Trevor Jones，*Social Geography，An introduction to Contemporary Issues*，London：Edward Arnold，1989.

［5］Anthony Giddens，*The Consequences of Modernity*，Cambridge：Cambridge Policy Press，1991.

［6］Mark Roseland，*Sustainable community development：Integrating environmental，economic，and Politics，and Low in Public Sector*，New York：Mcgraw Hill Companies，Inc，2002.

［7］ Robert B. Denhardt, *Theories of Public Organization*, New York: Harcourt Brace & Company, 2000.

［8］ Ben Fine, *Social Capital Versus Social Theory: Political Economy and Social Science at the Turn of the Millennium*, London: Routledge Press, 2001.

［9］ Richard Madsen, *Morality and Power in a Chinese Village*, CA: University of California Press, 1984.

［10］ Gordon White, "Civil Society, Democratization and Development", *Democratization*, Vol.1, No.2, 1994.

［11］ Glaeser Edward, "Should the Government Rebuild New Orleans, or Just Give Residents Checks", *The Economists Voice*, Vol.2, No.4, 2005.

［12］ David Bray, "Building 'Community': New Strategies of Governance in Urban China", *Economy and Society*, Vol.35, No.4, 2006.

［13］ Friedland, "Agriculture and Rurality: Beginning the 'Final Separation'?", *Rural Sociology*, Vol.67, No.3, 2002.

［14］ Friedmann, "Four Theses in the study of China's Urbanization", *International Journal of Ubran and Regional Research*, Vol.30, No.2, 2006.